ŒUVRES

DE

SAINT-SIMON & D'ENFANTIN

PRÉCÉDÉES DE DEUX NOTICES HISTORIQUES

XXIXe VOLUME

ŒUVRES

D'ENFANTIN

PUBLIÉES PAR LES MEMBRES DU CONSEIL

INSTITUÉ PAR ENFANTIN

POUR L'EXÉCUTION DE SES DERNIÈRES VOLONTÉS

NEUVIÈME VOLUME

PARIS

E. DENTU, ÉDITEUR

LIBRAIRE DE LA SOCIÉTÉ DES GENS DE LETTRES

PALAIS-ROYAL, 17 ET 19, GALERIE D'ORLÉANS

1872

CORRESPONDANCE

INÉDITE

D'ENFANTIN

CXXXVIII[e] LETTRE

A CÉCILE FOURNEL

Sainte-Pélagie, 22 mars 1833.

Ma chère Cécile, j'allais vous ordonner une promenade, et vous m'écrivez une longue lettre; est-ce que vous voulez que je vous gronde? je n'y suis pourtant pas trop disposé. Encore si j'étais près de vous, je pourrais vous dire quelques rudes paroles; le *regard* qui déplaisait tant à M. Naudin les entourerait d'un peu de douceur; mais une plume c'est bien sec et de l'encre c'est toujours noir. J'aime mieux parler d'autre chose; pour ne pas m'occuper de vous, je ne vous parlerai que de moi ; il est vrai que c'est quelquefois la même chose. Dieu est si bon !

Vous savez par ma dernière lettre quelles pensées m'agitaient, elles ne sont pas épuisées ; ma vie *très-solitaire* les retourne sans cesse et s'en nourrit ; je remplace par la *pensée* ce que la réalité me refuse ; et, comme cela m'est souvent arrivé, plus je cherche l'AMITIÉ, plus je trouve devant moi la forme *inverse* des relations humaines. Ainsi autrefois, lorsque nous nous occupions d'INDUSTRIE, nous rencontrions le DOGME, et lorsque nous élaborions la SCIENCE nous découvrions le CULTE.

L'homme qui fut plus AMI qu'amant, qui fut *surtout* ami, a dû être avec tous camarade ; j'ai tant joui, mais aussi j'ai tant fait souffrir par cette promiscuité mâle de mon cœur, que j'appelle le moment où une main de femme lui imposera une *limite*, là où son tact verra, dans cette *facilité* de ma vie, une profanation de ce que cette femme aimera, une profanation de MOI.

Barrault, Michel et Fournel ont bien fait leur possible pour *limiter*, chacun à sa manière, le laisser-aller de mon âme, que Bazard avait déjà resserré ; mais les mains d'hommes sont encore si disposées à tout réduire à la plus simple expression, que je n'ai pas jusqu'ici fait grand honneur à mes inspirateurs, non en l'art de *plaire*, mais en l'art de me faire *respecter*. Je fais remonter aux *enfants* la gloire de cette inspiration parce qu'elle leur revient de droit; car on n'est vraiment *respectable* que lorsqu'on est PÈRE, mais aussi l'on n'est vraiment PÈRE que lorsqu'on est ÉPOUX.

Je n'ai donc pas pu (passez-moi ce mot) dans ma paternité *bâtarde*, recevoir des fils tout ce qu'ils doivent à une paternité *légitime*; et les fils en ont souffert comme le père, mais par là aussi les fils ont grandi, comme le père; d'enfants ils sont devenus jeunes hommes; et de jeune homme le père se fait homme.

La tâche est dure comme le père, mais elle a été bien dure pour les fils, car je n'ai jamais pu leur rendre grâces, comme ils l'auraient voulu, de leurs efforts, et je ne le pourrai même jamais; ce sera d'ELLE que viendra cette action de grâces qu'ils ont, à tort, souvent attendue de moi, ce sera d'ELLE, car c'est là surtout la gloire de leur vie.

Barrault l'a *compris* maintenant;

Henri le *sentira* presque par vous;

Michel en *souffre* encore près de moi.

Ne vous trompez pas toutefois, mon amie, sur les efforts dont je vous parle et que nous avons faits, père et enfants, pour modifier le *facile abandon* que je portais dans ma vie d'amitié; car, dans cette facilité même, j'en ai la FOI PROFONDE, est le secret de l'AUTORITÉ nouvelle.

Écoutez-moi.

Napoléon fut un *sombre* enfant, un *sournois* camarade; il était de la pâte dont se faisaient les *papes*, comme Léon X était de celle dont on faisait des *rois*. Aussi Dieu lui donna-t-il le pouvoir par d'autres voies que par la *naissance*. En lui se trouvaient représentées les vertus de l'*autorité* acquise par le mérite *personnel*, mais acquise AUTREFOIS, autorité sans grâces, sans fraîcheur, ramassée et lourde, rude et pâle.

François Ier, Henri IV, Louis XIV, ôtez leur la *naissance*, coupez leur *arbre généalogique* qui fit leur royauté, ces hommes seraient presque Rois encore dans l'avenir, les deux premiers surtout.

J'ai dit que, dans mon *facile abandon*, dans ma *camaraderie*, se trouvait le secret de l'*autorité* future, j'ajoute que là est aussi le secret de a MORALE nouvelle. Ce fameux : moi homme, je n'y mets pas de limites, que Dieu m'a fait dire, a été considéré par les dissidents et par les procureurs du roi comme une provocation au libertinage le plus dévergondé; de même mon AUTORITÉ par la LOI VIVANTE a été accusée d'être du despotisme au superlatif.

La difficulté n'est pas entre nous, Cécile, de savoir si j'attends de l'avenir l'orgie et l'esclavage pour m'amuser; mais il reste toujours entre nous quelques sujets de discussion sur la MORALE future; de même je ne vois pas l'AUTORITÉ de l'avenir avec les yeux de Barrault, Michel et Henri, nous ne l'espérons pas sous la même forme, en d'autres termes, ils me *souhaitent* autre que *je* ne *désire* être, et je ne les en blâme pas, car leur souhait est pour moi l'un des plus puissants éléments de progrès.

Je reviens à ma CAMARADERIE.

La camaraderie n'est pas un cas pendable; il s'en faut de tout; sans elle pas d'*esprit de corps*; aussi étais-je un des plus fervents adorateurs du *bataillon* de l'école, je savais ce que c'était que la responsabilité morale de l'*uniforme* et les devoirs de la *fraternité* d'armes, parce que j'en sentais surtout les joies.

Je ne vous dirai pas que la *polygamie* n'est

pas plus pendable, parce que polygamie est un bien vilain mot; galanterie vaut mieux, quoiqu'il soit mauvais encore. La galanterie donc n'est pas un cas pendable, il s'en faut de tout; sans elle pas de *société* (je prends ce mot dans son acception mondaine et non philosophique). Aussi ai-je été un fervent adorateur du bataillon sacré des dames; je savais ce que c'était que les hommages rendus à l'*uniforme* de ce corps respectable, et je connaissais la responsabilité qui pèse sur celui qui s'en déclare le champion, parce que je sentais surtout les joies de cette belle armée.

Napoléon a pu être très-tendre dans l'intimité; Bazard l'était; je serais bien peu flatté, si on m'apprenait que je ne le suis pas.

Napoléon n'a jamais été galant.

François Ier, Henri IV, Louis XIV l'étaient.

Maintenant je conclus et je dis :

De même que l'autorité de l'avenir sera tant soit peu *galante,* elle sera tant soit peu camaradière. Ces deux mots sont peu à ma guise, mais à défaut de mieux je m'en sers pour faire sentir mon idée. Au reste ce que je veux, c'est qu'on ne confonde pas ces deux mots ni avec le sans-culotisme qui tutoie mais qui vous salit, ni avec le despotisme qui séduit mais qui souille; et aussi qu'on ne les prenne pas pour l'*affabilité* toute *princière* du marquis avec les *petites gens*, ni pour le sentiment *chevaleresque* tout *protecteur* de l'homme galant du passé; ni pour la *poignée de main* du bourgeois qui a peur et fait le bon enfant avec le prolétaire, ni enfin pour l'aimable *fatuité* du fashionable qui grasseye avec une femme comme s'il jouait à la poupée.

Écoutez bien encore ceci :

Je crois que la famille maternelle de mon père ne s'appelait pas *Bon*, celle de ma mère *Mouton*, mon père *Enfantin*, et moi enfin *Prosper*, pour rien.

Il y a dans tous ces mots une *sociabilité* douce qui ne permet pas les écarts de *l'abstraction individuelle*; il y a un besoin de *communion* et de *bonheur* qui n'autorise ni la *solitude* complète avec ses mystérieuses douleurs, ni la *confusion* du monde avec ses joies enivrantes; ce sont des anges gardiens qui vous défendent des *extrêmes;* mais tous ces mots ne sont pas seulement *négatifs*, ils ne *défendent* pas seulement, ils ordonnent; bercé par eux comme je l'ai été, mon cœur s'y est fait ce monde nouveau pour lequel Dieu m'envoie, monde de *bonté*, de *douceur*, de *paix*, de *progrès*.

Oh! mon Dieu, je le sais bien, c'est un monde de *faiblesse* aussi pour celui qui se rappelle la *force ancienne* et qui n'a pas compris encore la belle fable de Mars et Vénus, ni même le rôle qu'y jouait Vulcain, ce grand père de l'industrie; l'un *désarmé,* l'autre *trompé* par la *mère* des *amours*. Mais dans l'avenir le plus grand esprit ne sera-t-il pas guidé, et le plus beau *corps* entraîné par la bonté? N'est-ce pas là notre foi? Oh! oui, l'homme le plus *sévère*, le plus *rigide*, la femme la plus *légère*, la plus *facile* seront *raffermis* ou *attendris* par le couple doublement bon, toujours tendre dans sa sévérité, toujours retenu dans son abandon.

Cécile, vous ne croirez peut-être pas ce que je vais vous dire; eh bien, j'aime à figurer que c'est MOI qui tempérerai SA SÉVÉRITÉ, et que c'est ELLE qui modérera MON ABANDON. On a fait pendant si longtemps la femme faible et facile et l'homme raide et cassant, que par une réaction sainte, Dieu va peut-être changer les rôles; ils étaient bons lors de la guerre, mais voici la paix; ils étaient bons pour tuer, mais il s'agit de créer.

Regardez, ma chère amie, comme cette heureuse combinaison me va bien! Par elle je peux conserver en moi, religieusement et comme relique sainte, une bonne dose de mon ABANDON ; je puis, aux yeux des hommes *anciens,* rester un peu FEMME (comme ils disent), sans rougir; je peux garder en mon cœur mes rêves de *camaraderie* et aussi de *galanterie* sans croire faillir à ma mission ; enfin je peux me conserver toujours MOI pour ELLE.

Car vous ne sauriez croire, mon amie, combien pendant cette longue retraite de Ménilmontant, et dans les premiers mois de prison encore, j'ai fait et on a fait d'efforts pour me mutiler; je sais bien que j'y aurais gagné quelque chose, une ou deux rides d'abord, et une assez jolie quantité de cheveux blancs; ensuite je ne disconviens pas que j'avais à modérer un peu mon ancien MOI dans sa force expansive; ELLE m'aurait trouvé trop ressemblant aux *anciennes* femmes ou trop jeune homme; mais, je vous le confesse, je suis heureux de penser que si j'ai à *progresser,* du moins je n'ai pas à *changer.*

N'ai-je pas dit qu'ELLE viendrait poser une *limite* à MA parole, qu'ELLE la voilerait de toute la délicatesse de son âme, qu'ELLE y imposerait le cachet de sa pudeur? Dieu, garde-moi de me dédire ! le verbe que tu as mis en

MOI est bien le verbe que tu voulais faire prononcer par l'HOMME nouveau; il est saint, trois fois saint, verbe de PROPHÈTE, de Précurseur, de Messie.

Si je vous dis tout cela, Cécile, vous en êtes un peu cause; pourquoi m'écrire une lettre comme la vôtre? que me servirait de changer? m'en aimeriez-vous davantage?

P. E.

CXXXIX[e] LETTRE

A HOLSTEIN

26 mars 1833.

Ta lettre m'a fait plaisir, mon vieux; sauf l'inexactitude de ton fabricant, tout a été comme il faut.

Selon toute apparence je prendrai l'air pour mon lundi de Pâques; nous sommes assignés à comparaître en cour d'assises pour ce jour-là Michel et moi; c'est comme tu sais pour l'article

291. — Je ne sais pas trop encore comment cela se passera, ni même s'il me serait possible d'éviter cette sortie, je ne le crois pas, non-seulement parce que je pense que les lois s'opposent à ce qu'un *détenu* puisse faire défaut aux assises, mais parce qu'il me semble que cette convocation ne tombe pas sur un aussi grand jour pour rien. Les dix-huit cents ans seront juste accomplis et les trois grands cycles astronomiques de six cents ans et un jour finis.

Ce jour-là, monsieur, j'aurai donc le plaisir de vous donner une poignée de main soignée.

Il sera bon que les enfants de Paris en soient prévenus à l'avance.

Adieu.

P. E.

CXL^e LETTRE

A AGLAÉ SAINT-HILAIRE

31 mars 1833.

Pauvre malade, vous voilà donc encore vous tenant la tête et souffrant comme une malheureuse! C'est une vilaine chose que les nerfs; quoique les miens soient assez bien, cela ne m'empêche pas d'avoir un peu mal aux dents et à la tête, rien qu'à songer à vos atroces douleurs. Je les connais. Ce beau temps vous aura surprise, et puis ce mois-ci est terrible, mois de renaissance, de dépouillement, de vie qui fermente ; il vous met le sang en mouvement, comme les flots du Rhône avec leurs tourbillons. — Que cette grande et sainte semaine vous calme.

Vous dites que ma solitude va être complète ; ma solitude quant à mes *fils*, oui; mais voilà tout ce que je veux. Pour la consacrer nettement, je m'arrangerai pour n'avoir, pendant un temps plus ou moins long dont j'ignore le terme, que ma société de Sainte-Pélagie; ma foi est que dans cette solitude passagère je trouverai encore à faire, qui s'accommodera peut-être d'une nouvelle communion avec l'*extérieur*. Alors nous verrons ce que nous ferons; jusque-là, je veux tâter de cet isolement qui sera salutaire encore à quelques-uns qui emploient mal leur temps au service du *prisonnier*.

Mme Petit a raison de plaindre Holstein et Ollivier, parce que je ne crois pas que l'un et l'autre se soient bien dit, qu'une année était de trois cent soixante-cinq jours. Je compte sur vous et sur Cécile pour eux. Elle a raison surtout parce que leur destinée est, je le crois, d'*attendre* ces trois cent soixante-cinq jours, et qu'ils auront peut-être la faiblesse de se tourmenter à chercher une autre œuvre.

En effet, comme je vous l'ai dû faire pressentir par la longue lettre qui concernait Michel, je suis parvenu à ce que je désirais. J'ai fait engendrer Michel et je ne connais pas son fruit, mais je suis sûr qu'il se sent œuvre extérieure.

Tout se débrouillera plus clairement le 8. — Je dis plus clairement pour vous, car pour plusieurs ce sera très-obscur.

Je ne suis pas du tout étonné de votre peu

d'envie de venir nous voir en cour d'assises ; je désirerais presque n'apercevoir aucune figure de connaissance intime dans la salle.

Bonsoir; rien autre de nouveau à vous dire.

P. E.

CXLI[e] LETTRE

—

A AGLAÉ SAINT-HILAIRE

4 avril 1833.

Puisque Chabannier, vous saisissant au milieu de vos douleurs, vous a déterminée à me faire ses demandes, ma chère Aglaé, dites-lui, je vous prie, de ma part, que je désire que *personne* ne se mêle de mes affaires dans ce procès, et que je désire encore, autant que ce sera possible, ne voir *personne* de connaissance près de moi en cour d'assises, et ne parler à *personne*.

Ensuite ces lettres qui passent par le greffe et sont décachetées me sont désagréables. Sans doute Chabannier l'a lui-même apportée, et voilà pourquoi elle a été décachetée; s'il l'avait remise à Rochette, elle ne l'aurait pas été. Voilà pourquoi aussi je n'ai pas voulu faire réponse par le gardien qui me l'a apportée; ma réponse aurait été également décachetée. Ajoutez surtout à Chabannier que toute démarche faite pour ce qui me concerne dans ce procès, auprès des juges, jurés ou président, me serait très-désagréable, quelle qu'en fût la nature, si je ne l'avais pas ordonnée; or je ne lui en demande aucune.

Bonjour, pauvre endolorie, je vous embrasse.

P. E.

CXLII^e LETTRE

—

A THERÈSE

Sainte-Pélagie, 4 avril 1833.

A mon tour, j'étais peiné de ton éternel silence, ma chère amie; Drut m'avait bien fait dire que Saint-Cyr n'avait aucuns livres ni cartes sur l'Orient, et je savais d'ailleurs de vos nouvelles par Aglaé qui vous avait vues toutes deux et me l'avait écrit ; mais Paris, comme tu le dis, est un tel *lieu de perdition !*

Tu as l'esprit sérieux en ce moment, me dis-tu, et tu voudrais entendre quelqu'un qui te raisonnât largement. Qu'y a-t-il, ma chère Thérèse, qu'as-tu ? Quelque chose de douloureux se passe-t-il dans ton cœur? Et tu ne me le dis pas ! Au lieu de me raconter ce qui te peine, tu me jettes des paroles qui seraient dures pour moi, si elles ne me montraient pas, à travers leur dureté, que tu m'aimes bien toujours.

Comment, tu sais que la solitude à laquelle je me contrains, parce que je sens que Dieu me l'ordonne, est pénible à mon cœur, et tu me parles de cette barrière que j'ai mise entre moi et *ceux que je ne trouve plus dignes de moi ;* et tu dis encore : il faut bien m'éloigner et oublier Prosper ! — Oh ! non, n'oublie pas ce que tu as aimé en moi, car je suis avare de ce qui m'a fait aimer, je voudrais en faire un trésor, sinon par le *fait,* car tout se détruit, du moins par la *pensée,* car tout continue et se renouvelle ; mais je suis plus qu'avare, je suis ambitieux, et je voudrais toujours ajouter, au trésor des choses qui m'ont fait aimer, celles qui pourront me faire aimer par les cœurs que Dieu ne m'a pas permis de toucher encore. J'ai besoin des vertus que donne la solitude, car mon Dieu m'avait entouré jusqu'ici de tant d'affection vive, qu'il m'a été facile d'y puiser les dons pour lesquels on est aimé davantage de ceux qui déjà vous aiment et qui s'approchent de vous, du propre mouvement de leur cœur ; mais il ne m'a pas donné encore tout ce que je voudrais avoir de tendresse et d'attrait, pour attirer ceux dont la vie sévère et mâle ne s'attache qu'aux hommes qui portent sur leur face le signe de sagesse et de vérité, de constance et de maturité. Je rends donc grâce à Dieu ; de m'avoir pour quelque temps placé à l'ombre d'une prison, pour y mûrir avec plus de gravité ma destinée ; j'avais besoin de cette retraite forcée, après ma retraite volontaire de Ménilmontant, qui en était le prélude prophétique, et tu sais, toi, la sainteté de la retraite. Je le *savais* aussi, mais je ne l'avais pas *pratique* et ne l'AIMAIS pas. Ce ne sera là jamais MA VIE, mais j'en avais besoin pour mêler à une jeune vie d'abandon et de libre tendresse quelques gouttes saintes tombées du calice chrétien, parfumées de mystère, quelquefois amères comme une larme, et, pourtant aussi, souvent douces comme elles.

. . . . Tu vois que tu m'as peu compris, si tu as pu croire que je ne tenais plus à revoir aujourd'hui les lettres que je t'avais demandées, et qui disent notre vieille amitié.

Si tu me les avais envoyées depuis l'arrivée d'Eugénie, je te les aurais sans doute déjà rendues ; car, je te l'ai dit, j'ai déjà la copie des plus longues d'entre elles, et dans ma prison j'aurais bien vite trouvé le temps de copier les autres. Tu me demandes de ne pas les communiquer ; sois tranquille, les lignes de ma vie intime sont de saintes archives, que mes enfants aimeront à lire *un jour*, mais ce jour n'est pas proche.

Envoie-moi donc ce paquetde lettres par Aglaé, qui souffre bien, la pauvre malheureuse, des mêmes douleurs de tête qu'Eugénie.

Tu sais que, lundi, ils me mènent encore une fois à la cour d'assises : cette sortie m'ennuie, et je crois bien que je ferai la moue ; au reste Dieu m'inspirera ce que j'aurai à y faire ; le temps qu'il fera et les figures que je verrai autour de moi me le diront.

Mais je reviens à toi. Tu me parles de ton départ, mon amie, et je ne sais pourquoi il me semble que tu n'es pas encore prête à partir. Dis-moi si je me trompe. Le Paris, *lieu de perdition,* est aussi, sois en sûre, un *lieu de salut.* Jérusalem n'était pas très-pure quand y parut Jésus et pourtant quelques saintes femmes y puisèrent une vie nouvelle.

Eh bien, aujourd'hui, *quelques* hommes ont pu recevoir dans Paris une vie nouvelle, tandis que je sens que le moment est proche où *beaucoup* de femmes, à Paris, doivent sentir naître en elles un espoir et un avenir nouveaux, une dévotion nouvelle et plus forte. Plusieurs doivent y découvrir le secret de leur vie passée et future, qu'elles ignorent encore et qu'elles cherchent douloureusement ou qu'elles s'efforcent en vain de ne pas chercher ; car toutes celles qui ont l'âme bonne et tendre souffrent aujourd'hui de ne pas savoir à quoi prendre leur amour, et d'ignorer pour quel but humain, universel, Dieu leur a donné cette âme. Les hommes, au moins, ont encore quelques petites passions étroites d'ambition, de tribune, de gloire, de carrefour ; mais les femmes ! Que sont-elles au milieu de cette jacasserie parlementaire, de ces patrouilles civiques ? Les républicains n'ont plus de déesses de la liberté et de la raison ; les rois n'ont plus de maîtresses qui les gouvernent, et les bourgeois ne rendent un culte qu'à des divinités avec lesquelles les femmes ne voudront jamais être confondues, l'égoïsme et la peur. — Je crois donc, et j'espère, ma chère amie, que ton départ de Paris n'est pas prochain ; ou bien si tu devais quitter bientôt la grande Babylone, je crois que ce serait pour y revenir bientôt et que l'hiver prochain, à ma sortie de prison, je pourrai te faire embrasser une grande barbe ; elle commence à être fort respectable, je t'assure.

Tu vois bien que je ne perds pas mes vieilles habitudes et que je te fais encore de longues lettres ; mais ne va pas croire que c'est parce que tu es restée longtemps sans m'écrire, que je t'écris si longuement ; tu prendrais envie de recommencer. Non, écris-moi dans les moments où tu as *l'esprit sérieux*, et où tu voudrais pouvoir entendre quelqu'un qui te raisonnât sagement ; il est vrai que cela ne t'arrive peut-être pas fort souvent dans ce Paris ; eh bien alors, écris-moi lorsque les démons qui y règnent t'inspirent, lorsque tu viens d'entendre Beethoven ou Rossini, Julia Grisi et Rubini, lorsque tu sors éblouie et un peu scandalisée de l'Opéra et que ses dames et ses costumes, son bruit et ses lumières te poursuivent jusque dans ta chambre.

Je t'embrasse.

P. E.

Je t'embrasse seule, parce que je pense que l'on ne te demande guère à prendre connaissance de ce que je t'écris. Tu sais bien pourtant que si Saint-Cyr, Eugénie et Camille ne croient pas à la sincérité de ma foi (ce qui pourtant est un peu fort), cela ne m'empêche pas de les aimer pour la douleur même qu'ils éprouveront un jour, lorsqu'ils sauront la peine que j'ai ressentie en ne pouvant pas les amener à *croire* que je suis CONVAINCU, peine dont le témoignage reste gravé dans ma dernière correspondance avec Saint-Cyr.

CXLIII^e LETTRE

A AGLAÉ SAINT-HILAIRE

6 avril 1833.

Je ne vous renvoie pas encore la lettre de Clorinde, parce que je veux la relire et n'en ai pas le temps en ce moment, surtout voulant aussi vous écrire quelques mots.

Vous voilà donc bien ; mais aussi quel beau temps ! J'ai eu dans ma chambre ce matin un soleil... Quel soleil ! Oh oui, *le ciel est beau, la terre est douce ;* vous rappelez-vous, après le chant : David modulant sa jolie valse des astres ? Vous me demandez s'il m'écrit cet enfant-là ; pas un mot. J'avais encore besoin de cela ; je ne connaissais pas cette face de la vie que Dieu montre à tant d'êtres, car Dieu ne donne pas toujours l'amour qu'on demande, il en donne *un autre,* et jusqu'au moment où l'on sait pourquoi c'est *un autre* et non pas *celui* que l'on a demandé, on souffre. Barrault a bien souffert de moi et par moi jusqu'à son départ pour l'Orient. — Dieu ne veut donc plus que j'aime l'*homme* comme je l'ai aimé, et je lui rends grâces, je sens ce qu'il veut me dire; j'obéis et j'espère, je ne regrette déjà plus; c'est *bien*, c'est *bon*. David a bien fait, et je bénis Barrault, qui certes, est pour quelque chose dans ce silence. Mais c'est Holstein, Aglaé, j'ai bien peur qu'il ne souffre bientôt beaucoup. Savez-vous si du moins Cécile lui a fait lire les lettres que je lui ai écrites; je le désirerais; je crois que cela l'aiderait à comprendre ma position et la sienne.

Adieu!

P. E.

CXLIVe LETTRE

A AGLAÉ SAINT-HILAIRE

9 avril 1833.

Vous demandez comment je conçois ma solitude; à cette question, je n'ai vraiment rien à répondre, si ce n'est que vous faites comme tous ceux qui m'aiment et qui me demandent depuis longtemps déjà ce que je veux leur faire faire, quand c'est moi qui leur demande de vouloir faire quelque chose. Ainsi pour toute réponse à ce que vous me demandez, je n'ai pas autre chose à vous dire que ceci : Ma chère Aglaé, comment *concevez-vous* MA solitude? et vous pouvez dans l'occasion transmettre cette réponse à qui vous paraîtra dans le même cas que vous, c'est-à-dire à qui désirera savoir comment JE *conçois* MA solitude ; car je ne la conçois pas autrement, quant à MOI, dans mes relations avec CE QUI N'EST PAS MOI, que, comme je viens de vous le dire ; c'est-à-dire je la conçois selon la VOLONTÉ, *l'intelligence* et la *puissance* de CE QUI N'EST PAS MOI ; car enfin je suis *homme* et *prisonnier,* et non *libre* ou *femme.*

Voilà dans l'occasion, pour Petit ou autres, la dose que je vous prie de leur administrer.

Pour vous mettre sur la voie de ma pensée à cet égard, je vous dirai, par exemple, que je viens de faire porter par Petit à Fournel ma parole d'hier, écrite comme je veux qu'elle soit imprimée, mais que j'ai dit à Petit d'en parler autant et plus à Cécile qu'à Fournel, ajoutant que je demandais même aux *femmes* de faire imprimer ainsi ma parole. Ce que j'ai fait là, en allant au devant du désir que m'en auraient manifesté des femmes, est hors de ma règle de conduite future, cela en est même l'*inverse ;* car je crois n'avoir pas plus à demander qu'à ordonner ; je crois, selon mon naturel assez câlin, comme vous savez, avoir plutôt à me *laisser faire ;* or, vous comprenez bien que pour se *laisser faire,* il faut qu'ON fasse, qu'ON ait une *volonté propre,* et ON ce n'est pas MOI.

Plus que jamais donc j'attends qu'ON fasse, car pour moi ce que je ferai ME regarde pour le moment et ne regarde pas ON; j'ai assez fait pour ce monsieur ON ou pour cette dame, comme vous voudrez, j'ai surtout assez fait pour découvrir tous les mystères de son petit intérieur, pour avoir droit de lui cacher, *pendant quelque temps,* les miens et de lui dire: CHERCHE. D'autant plus que je sens que ON ne cherchera pas comme j'ai souvent cherché, un peu brutalement, mais qu'au contraire ON a la main douce.

Parmi les membres de ce ON, par exemple, il y en a un qui m'a fait rire hier, c'est C...; il voulait commettre un délit politique et se faire mettre en prison à Sainte-Pélagie, pour avoir le droit d'y être avec moi ; c'est bien d'un mâle n'est-ce pas ? aussi, je lui ai dit : *Tu veux donc me violer ?* — Je vous cite cela, parce que là au moins, il y a une volonté, tout à fait indépendante de la mienne j'espère ; peu lui importe que je veuille vivre de telle ou telle manière dans *ma solitude ;* il ne me demande pas : *comment l'aimez-vous* ni *comment l'entendez-vous ?* eh bien, je crois qu'il y aura, pour me voir *dedans,* ou pour me voir *dehors,* quelques farces de ce genre-là qui sortiront de ON ; et non-seulement pour me *voir*, mais pour toutes choses. — Bien entendu que je n'en approuve pas d'avantage le viol de C... ; ce genre d'amour ne me va pas mieux que ne vous allait celui que vous me citiez dernièrement, du moins quand il sort du *complot* pour prendre une forme d'*exécution ;* car le complot ne m'irrite pas, je l'aime même assez, il annonce un sang *chaud* qui est aussi bon que le sang *froid,* pourvu qu'on y verse un peu de CALME.

Je crois que vous comprendrez bien tout ce que je vous dis là, ma chère Aglaé, car il me semble que vous devez être plus étonnée lorsqu'ON ne fait rien que lorsque JE ne fais rien.

Songez que voilà le printemps, les fleurs, l'air, la verdure et le soleil, et que ON voit tout cela ; or, il y a dans tout cela beaucoup de choses qui font que la vie vient et qu'ON engendre. Je suis né le 8 février, donc j'ai été conçu le 8 mai, dans un mois ; je crois que c'est le mois que les oiseaux aiment le mieux ; les hommes ne le dédaignent pas, qu'en pensent les femmes?

Je ne puis donc que vous engager à respirer, à aspirer ce ON qui vous entoure et dont je suis séparé, MOI, par des portes, des murs, des grilles et des verroux. — Ces portes, ces murs, ces grilles et ces verroux feront sur MOI l'effet inverse des fleurs, de la verdure et du soleil sur ON ; car Dieu se complète par l'hiver et l'été, par le monde et la solitude. JE serai blanc comme une salade et ON sera hâlé, voilà tout ce que je peux vous dire encore sur la manière dont je conçois ma solitude.

Bonjour, si vous voyez la bonne mère Petit, parlez lui dans le sens de ma lettre, elle y puisera, je crois, de quoi donner à Alexis de bons conseils ; mais vous-même déjà je vous recommande Alexis.

Oui, votre père a été récusé, mais je ne serais pas étonné qu'il se fût fait récuser d'avance, d'office.

Si, par hasard, vous ne me trouviez pas clair dans cette lettre, relisez et relisez encore ; si c'était encore obscur, causez-en avec *quelques-unes* de celles qui m'aiment le plus, et je suis bien sûr que l'énigme sera déchiffrée. Quant à moi, je n'ai plus rien à y ajouter, si ce n'est que je vous embrasse bien tendrement, attendant que ceux qui m'aiment *conçoivent ma solitude* comme ils LE VOUDRONT, mais enfin sans MOI. Si les femmes s'embrassaient entre elles, je vous dirais bien d'embrasser pour moi celles qui se sont réjouies hier chez vous de notre acquittement ; faites-en ce que vous voudrez, car je redeviens très-embrassant avec le printemps, par *lettres* du moins, et je peux passer les bornes de la décence ; d'ailleurs cela pourrait faire croire que je songe trop aux femmes dans ma solitude, et je ne veux pas vous dire à quoi je songe ; c'est à vous tous et à vous toutes à deviner ; qui sait ? c'est peut-être à... rien — je vous assure que c'est quelque chose.

P. E.

CXLVᵉ LETTRE

A AGLAÉ SAINT-HILAIRE

14 avril 1833.

Vous souffrez tant, ma chère Aglaé, que j'aurais plus que tort de me fâcher; mais votre petit billet d'aujourd'hui m'a tout secoué le cœur. Pauvre malade, vos douleurs vous font presser la plume quand vous m'écrivez, mais vous m'avez jeté une phrase sur les deux pauvres enfants de Menilmontant qui, je vous le dis encore, m'a péniblement froissé. Ollivier!... il a une mère; passe encore; qu'il parte s'il veut, s'il souffre; il fera bien, j'en serai heureux, joyeux presque; mais vous me dites : *Holstein ne dit pas ce qu'il veut faire, mais il est triste et bourru.* Pourtant je vous ai bien vivement recommandé celui-là qui n'a pas de mère, qui n'a pas de sœur, qui n'a rien, rien au monde que des regrets et moi. Or, quand il ne M'a pas, qu'a-t-il ?... Triste et bourru! par mon Dieu on le serait à moins ! Il a enterré sa mère, son père, sa sœur, et tous sont morts le désespoir au cœur ; c'est un terrible héritage et voilà pourquoi je l'ai tant recommandé à vous, à Cécile.

Oh ! vous me demandez comment j'entends ma solitude ! Aglaé, mon Dieu est la MÈRE de tous et de toutes ; sentez-vous combien elle aime les pauvres orphelins qui pleurent leur PÈRE mort ou absent.

Il est triste et bourru ! mais vous ne savez donc pas qu'il a tenu dans ses bras sa sœur mourante, et que c'est de ce jour surtout qu'il m'a vraiment aimé ; qu'il l'embrassait morte, belle, superbe, victime, martyre.

Et le jour où mourut son père, vous vous rappelez bien comment je l'adoptai. Aussi c'est lui qui me remplaçait près de ma mère quand elle pleurait notre Auguste, et que moi, faible et souffrant j'étais loin d'elle.

Il ne dit pas ce qu'il veut faire ! Oh ! Aglaé, je ne veux pas vous être dur, et pourtant, je vous le dis, ne lui demandez pas *comment il entend sa solitude.*

Femmes, femmes, quand donc n'attendrez-vous plus que l'homme vous dise ce qu'il VEUT.

Et vous ne me dites pas seulement si vous lui avez fait lire mes lettres à Cécile ; et Cécile m'écrit et me parle du plaisir que *ce bon Holstein* lui a fait, en lui remettant le collier ; mais j'ignore ce qu'il a remporté de bon, lui, en échange du collier ; elle ne me le dit pas.

Aglaé, ne soyez pas fâchée, je vous en prie, si je vous parle ainsi ; c'est la première fois que dans ma prison, j'ai vraiment pleuré, et je vous en rends grâces ; vous avez réveillé mon cœur qui dormait.

P. E.

CXLVIe LETTRE

A HOLSTEIN

Sainte-Pélagie, 19 avril 1833.

A toi, ami, à toi *seul* ce que j'écris, à moins que *tu* ne juges convenable de le communiquer à Ollivier; car JE n'ai plus, en ce moment, JE ne *peux* avoir, et surtout JE ne *dois* pas avoir le sentiment de ce que *DIEU* veut aujourd'hui que *fassent* mes enfants, un seul peut-être, oui un seul excepté, TOI.

Puisque tu as la FOI que TA position est différente de celle de *tous les autres,* surtout quand il s'agit de MOI *isolé,* pourquoi t'es-tu SOUMIS à la *règle* que j'indiquais à TOUS, ou plutôt même au *désir* que je LEUR manifestais? Il y a contradiction.

Voilà pour TOI; et maintenant voici pour MOI que tu désapprouves.

Si tu as vu Cécile et lu les lettres que je lui ai écrites, si tu as vu Aglaé et causé avec elle de MOI et de TOI, il me semble que tu ne peux te plaindre de ce que JE ne T'ai rien *dit*, à TOI, car il y a plusieurs manières de *dire*, et j'ai foi que JE T'ai parlé comme JE *devais* TE parler.

Ceci concerne MA relation avec TOI : voici pour MA relation avec les AUTRES.

C'est presque en brutalisant la religieuse *fidélité* de MICHEL, que JE suis parvenu à LUI faire comprendre qu'il devait chercher en LUI, indépendamment de MOI, si *DIEU* ne voulait pas de LUI, une autre œuvre aujourd'hui que de rester près de MOI ; si, dans l'intérêt de MA gloire même, il était bien certain que *DIEU* LUI ordonnât de subir la *même* condamnation que MOI, de rester collé à MOI ; enfin même s'il pouvait affirmer que SA *présence* près de MOI fût plus favorable que SON *absence*, à MOI, à LUI, à TOUS. D'Eichthal a dû, selon sa forme, RÉVEILLER bien des hommes qui dormaient sur le sein du PÈRE ; gloire à LUI et à CHARLES, car ils ont aussi réveillé le PÈRE. Gloire à Barrault aussi, qui, *à sa manière*, a voulu *dégourdir* les enfants dispersés, et mêler du sang de la MÈRE au sang du PÈRE qui se figeait dans leurs veines. Mais je veux aussi qu'on dise un jour gloire à moi, et que les vieilles accusations des dissidents qui ne voyaient pas en moi un HOMME et qui me supposaient l'indispensable nécessité d'avoir une COUR *d'esclaves,* tombe devant MA propre *servitude,* autant du moins qu'il est en MOI. Je ne veux pas qu'il puisse être dit que moi, HOMME, je ne suis pas fait pour donner aux hommes la LIBERTÉ, parce que je ne suis pas fait moi-même pour vivre de ma PERSONNALITÉ.

J'ai donc voulu mettre tous mes enfants, mais parmi eux surtout, ceux qui me témoignaient le plus de **FIDÉLITÉ** PERSONNELLE, en position de **SENTIR**, de *penser* et *d'agir*, dans la plus complète **INDÉPENDANCE** de MOI, de manière à ce qu'ils vissent bien que ce serait même une *joie* pour moi le jour où je verrais qu'ils ont senti **PERSONNELLEMENT** une volonté de *DIEU* sur eux, autre que celles qu'ils accomplissent comme tradition de notre vieille vie de famille mâle ; car ce que je veux, c'est qu'ils sentent **PERSONNELLEMENT LEUR** MISSION, indépendamment de la VOLONTÉ qu'ILS ME *supposent.*

Michel m'a compris, après de longs et pénibles efforts. Il sent SON ŒUVRE, j'ai voulu l'ignorer ; et je me réjouis et me glorifie de l'avoir une seconde fois engendré ; je lui avais donné sa vie de *disciple,* il touche à sa vie d'HOMME.

Rochette a compris par Michel.

J'espère que Petit comprend actuellement.

Duguet n'avait eu besoin que de mon silence *persistant* et *calculé.*

Mais je l'ai dit vingt fois à tous, et puisque tu as lu mes lettres à Petit, tu as dû le voir : ce que j'ai voulu, c'est qu'on se décidât *comme si* JE n'avais aucun désir PROPRE, quant à la destinée que chacun se concevrait. De telle sorte que je disais même souvent à Michel et j'écrivais à Petit : Votre destinée est peut-être de *combattre* MA VOLONTÉ, soit que vous supposiez que JE VEUX vous avoir près de MOI, soit que vous pensiez que JE VEUX vous voir à UNE AUTRE ŒUVRE.

En d'autres termes, ce que je veux, c'est comme je le disais à Aglaé, non pas qu'on me demande comment JE conçois ma vie avec vous cette année, mais comment vous concevez la VÔTRE par rapport à MOI et à TOUS.

Si donc j'ai été obligé de pousser quelquefois jusqu'à l'exagération, les formes par lesquelles je voulais *forcer* mes enfants à s'*émanciper,* c'est que j'ai foi que *DIEU* m'ordonne d'aller jusqu'à provoquer quelquefois LEUR *désobéissance,* pour m'assurer qu'ils ont le sentiment profond de leur *liberté,* et qu'ils ne font que ce qu'ils sentent vraiment saint de faire, et cela selon les lumières de LEUR foi, non de la MIENNE, car la mienne est qu'ils *doivent* faire aujourd'hui ce qu'ILS veulent et non ce que JE veux, ce qu'ILS croient utile à MOI, à EUX, à TOUS, et non ce que JE juge tel.

Tu dois comprendre maintenant que tu as eu tort :

1° De me désapprouver en ce qui TE concerne, car j'attendais autre chose de TOI, à la suite de tes visites à Cécile et à Aglaé.

2° D'agir selon une intention que tu me supposais à l'égard de TOUS, puisque tu te sens toi-même dans une position SPÉCIALE.

3° De me désapprouver encore dans ma conduite à l'égard de TOUS, du moins à l'égard de ceux avec qui j'ai conservé des relations ; car c'est de ceux-là, je pense, que tu voulais surtout parler.

Mais tout ce que je viens de te dire encore est bien étroit, car cela ne sort pas du cercle de notre petite famille ; or, j'ai une mission à l'égard de TOUS et de TOUTES, et non à l'égard de

Michel, Petit, Rochette, toi, Ollivier, Duguet, Cécile ou Aglaé seulement. Maintenant donc, j'en appelle à toi, à toi *homme ;* monte un moment avec moi au sommet de l'échelle divine ; de là haut, notre famille n'est qu'un point. Certes ce point est un germe, le germe d'avenir ; mais un germe MALE, il faut que la FEMME le féconde.

Aujourd'hui ce germe vivant JE l'ai *lancé* sur le MONDE, et moi je me suis *retiré* du MONDE.

Quand crois-tu que je devrai de nouveau communier avec ui?

Lorsque finira la prison, dis-tu? — Oui, si la FILLE de *DIEU* est née de ce germe ; non, peut-être, s'il faut l'*attendre* encore ; car la prison n'est pas la seule solitude ; et le monde, pour qui n'est pas connu de lui, est encore une solitude ; or, peut-être Dieu veut-il que je sois SEUL jusqu'à SA venue.

C'est donc au *monde*, à ME *tirer* de *ma* solitude (prison ou autre), et non à MOI à retenir encore quelques-uns de ses membres près de MOI ; c'est à *lui* à ME *forcer* de COMMUNIER avec *lui*, à M'appeler, et non à MOI à *le* faire passer à travers mes guichets ; c'est à vous

vous à faire tomber les murs de ma prison, et non à MOI à vous embrasser à travers des barreaux de fer. A vous la vie ACTIVE pour le service de *DIEU*, de la MÈRE ou de MOI, à moi la vie PASSIVE.

Et quand MON affection pour vous, ou VOTRE fidélité pour MOI, vous condamne à la vie PASSIVE, vous, germe des races *futures*, car vous êtes les FILS et je suis le PÈRE, nous devons craindre de manquer à *DIEU ;* de manquer à notre *avenir,* la MÈRE, à votre *passé,* le PÈRE.

Si je ne me conduisais pas ainsi à l'égard de tous ceux à qui j'ai donné ma foi en *DIEU* PÈRE et MÈRE, si je ne les poussais pas à songer plutôt à hâter la fin de ma solitude qu'à la charmer par leur fidélité, je faillirais à ma mission ; car la fin de MA solitude c'est la venue de la MÈRE. Et je te le dis encore, la solitude n'est pas la prison seulement, elle peut exister sans grilles et sans verroux, elle existera ainsi *peut-être,* si mes fils ne se hâtent ; elle existera ainsi, s'ils songent plus au *présent* du PÈRE et au LEUR qu'à NOTRE *avenir.*

Et songe bien qu'en agissant ainsi, je n'affirme pas que TOUS DOIVENT *obéir* à l'impulsion que je leur donne, mais seulement que JE DOIS la leur donner. Or, je n'ai en vue que de TE faire comprendre et approuver ce que J'ai fait, que de TE faire sentir que JE DEVAIS le faire.

Oui, je veux que le MONDE qui M'a *repoussé,* M'*appelle;* que LUI qui M'a *méconnu* me *nomme ;* alors, seulement alors, JE répondrai et viendrai ; jusque-là JE serai en *prison.* Et pour cela JE DOIS dire à ceux qui savent mon nom, de l'enseigner à TOUS plutôt encore que de ME le dire à moi-même ; car alors au moins mon avertissement aura servi peut-être à leur faire proférer plus haut et d'une manière plus claire et plus sonore leur religieuse parole.

Je t'ai dit que ta réponse à Arlès était bonne, et j'aime à te le redire encore, parce que j'espère qu'elle aura fait sentir à Arlès des choses que sa vue très-*administrative* lui avait voilées; mais aujourd'hui je dois ajouter qu'elle n'est pourtant pas complète, car tu n'as pas, comme le disait autrefois Michel, dégagé de la lettre d'Arlès *l'élément progressif,* qui certainement s'y trouve pour toi ; tu as réfuté ce qui était mauvais en lui, et il en est résulté que tu t'es réduit toi-même à des propositions que tu dois pourtant avoir le désir de dépasser.

Ainsi tu as bien montré comment ta présence et ta conduite à Lyon ont été senties par les *femmes* surtout, mais tu n'as pas cherché comment, sans que tu fusses pour cela *prolétaire,* elles auraient *pu* l'être par les *femmes* ET par les *travailleurs*. Or, par le fait, Arlès ne te reprochait que de ne pas avoir fait ce qu'il fallait pour être senti ÉGALEMENT dans l'*atelier*.

Je te demande donc de ne pas régler ta conduite seulement sur ce qu'en dira la MÈRE ; car *DIEU* est PÈRE et MÈRE, MALE et FEMELLE, il est aussi PEUPLE et FAMILLE ; ne t'absorbe pas trop dans la FAMILLE, dans l'affection à *petite distance,* quoique ce soit bien là ta vie, quoique ce soit par là surtout que nous nous aimons *tous deux,* car c'est par ton PÈRE et ta *sœur,* par mon *frère* et ma MÈRE que nos vies sont unies pour TOUJOURS ; mais c'est *pour* le MONDE TOUT ENTIER qu'après et pendant notre communion sainte d'ÉTERNITÉ, nous avons reçu le grand baptême de l'IMMENSITÉ.

P. E.

Tu recevras cette lettre, ami, le jour anniversaire de la mort de ma MÈRE, jour de la MÈRE. Philadelphe qu'a-t-il fait au tombeau? Va lui serrer la main pour moi, si tu en as le temps.

Tu me diras aussi ce que tu as fait auprès de Léon pour Talabot, car juin approche.

P. E.

CXLVII[e] LETTRE

A THÉRÈSE

Sainte-Pélagie, 25 avril 1833.

Ma chère amie, je te renvoie déjà une bonne portion de tes lettres. Dès que la copie des autres sera prise, je te les renverrai.

Les nouvelles que tu me donnes de Mayr et d'Aristide sont douloureuses. J'aurais écrit à Alphonse si je n'avais pas craint d'être d'une faible consolation pour ses douleurs. Car il est à Grenoble, où il y a plusieurs saint-simoniens ; et je n'ai entendu dire par aucun qu'il se fût informé de ce que je deviens. Je ne peux plus, pour lui, comme pour tous, qu'attendre que l'on vienne à moi, quand on en sentira le besoin et l'obligation même.

Je t'envoie ma Parole à la cour d'assises. J'espère qu'il y aura un jour des femmes qui penseront comme celles qui l'ont fait imprimer, comme toi et l'avocat général et le gros public même, et le consciencieux *Journal des Débats*. Rappelle-toi qu'il n'y a rien de plus ridicule au monde (pour qui n'est pas chrétien), que la litanie de la vierge ; et que Jésus devait faire crever de rire les bourgeois juifs, quand il leur disait qu'il était le FILS de Dieu le PÈRE ; enfin que l'*opération du Saint-Esprit* amuse, depuis longtemps, tous les esprits forts, et a dû paraître drôle, la première fois que les apôtres l'ont enseignée.

La forme donnée à cet imprimé t'amusera peut-être encore. Elle est assez baroque en effet. Tu me diras aussi ce que tu penses de la préface des *femmes*.

Tu as vraiment bien fait, ma chère amie, de ne pas venir nous voir, le 8, à la cour d'assises, et cela doit te faire sentir pourquoi je m'enferme et ne vois personne. C'est que ceux surtout qui m'ont aimé, quand je n'avais pas conscience de ce que je devais faire un jour, et qui n'ont pas foi dans l'œuvre que j'accomplis aujourd'hui, ne peuvent que souffrir, en me voyant tel que je suis, eux qui me rêvent toujours tel que j'étais. Probablement, la douleur que tu as éprouvée, en lisant ton *Journal des Débats,* aurait été plus grande, si tu m'avais entendu dire la Parole que je t'envoie imprimée, aujourd'hui.

On parle beaucoup ici d'une amnistie. J'ai peine à y croire, surtout quant à moi ; non-seulement parce que je ne suis pas un condamné *politique,* mais bien un condamné pour *immoralité !!!* mais aussi parce que cette SOLITUDE me paraît aussi bonne qu'une autre, pour le moment, et que, dans tous les cas, il m'en faut UNE, cette année. Qu'elle soit à Sainte-Pélagie ou ailleurs, je n'en sais rien ; mais je ne sens pas la nécessité d'en changer ; et le gouvernement ne saurait y trouver avantage ; si ce n'est l'économie de sa ration de haricots. Ce n'est d'ailleurs ni d'un *homme,* ni des *hommes,* tu le sais, que j'attends la fin de l'isolement auquel *ils* m'ont condamné, auquel ils *devaient* me condamner ; car ils seront jugés, à leur tour, puisqu'ils m'ont jugé ; et je ne serai vraiment libre que par ce jugement ; quand bien même il y aurait ici amnistie royale.

Tu vas rentrer à Curson, ma chère Thérèse, et commencer vos *vers à soie*. Réfléchis sur moi, je te prie, quand tu auras sous les yeux ce symbole de l'éternelle vie. Dans chaque changement de peau, vois l'image des phases de mon existence. L'œuf, déposé à l'école polytechnique, fut échauffé dans le sein des femmes. Je fus mis au monde. Ma première peau tomba, et ce fut avec douleur ; elle tomba aux pieds d'une jeune fille (si tu la vois, cette femme, donne-lui un *souvenir* d'affection pour moi, tu me feras du bien). Une femme encore opéra la seconde transformation. Déjà la force m'était venue ; et j'avais quitté la *gavagne* pour l'une des planches les plus froides de la *magnanerie*. Une femme, toujours une femme, me dépouilla de ma troisième forme ; et bientôt les hommes me jetèrent en masse leurs sacs de feuilles. Je dévorais leur pâture ; mes quatre âges étaient accomplis. Ensuite, j'ai fait mes cabanes. A Ménilmontant j'avais tissé quelques fils. Ici je forme mon cocon ; et déjà je suis chrysalide. J'attends le jour où m'efforçant de percer ma coque, je sentirai extérieurement l'aile amie briser, en la caressant, l'enveloppe, et me convier à la communion sainte. Songe à moi, mon amie, pendant ce travail que vous allez faire. Tu concevras comment des hommes qui n'auraient jamais vu ni œuf, ni ver, ni cocon, ni papillon, ne pourraient jamais croire que ce fût un seul et même être ; et tu excuseras ceux qui trouveraient ridicule le ver, disant : *Je serai papillon ;* ou qui se moqueraient du premier papillon, disant à tous les vers : *Vous serez comme moi.*

Je vois bien par ta lettre que tu n'es pas toujours contente, ma chère *notue,* de ton séjour à Paris ; et cela ne m'étonne pas. Car enfin, malgré nos désaccords, nous nous tenons de trop près pour que le monde bourgeois ne te donne pas souvent des nausées ou des maux de nerfs. Toutefois, pour celui qui ne se sent pas mission de *changer* Paris, il faut ou le *fuir* ou *faire comme lui.* Il n'y a pas de *juste milieu* tenable. Il faut être franchement de l'*opposition* ou du côté du *pouvoir.* Je te vois donc bientôt en route. Peut-être y es-tu déjà ; ou bien (ma foi ! je ne jurerais pas le contraire), peut-être es-tu tout à fait parisienne. Car je ne conçois pas que Saint-Cyr et Camille ne désirent pas avoir une de leurs sœurs, sinon toutes deux, à poste fixe à Paris, puisqu'ils y sont tous les deux.

Tu ne m'as pas dit si tu avais vu beaucoup le grand monde, si tu avais visité les Tuileries. En fait, ta dernière lettre est longue et causeuse, et pourtant tu ne m'y dis pas grand'chose. Si bien, que je suis encore à ignorer, comme avant, quel baume je dois composer et t'envoyer, pour tes moments de douleur *actuelle*. La cause est trop vague, et je lis et relis souvent cette phrase : *J'ai une mobilité et une faiblesse d'esprit qui me déplaît infiniment,* sans être plus *positivement* avancée, quoique ces mots-là me soient très-bien connus ; nous verrons plus tard.

La santé est toujours bonne. Je vis on ne peut pas plus sobrement, et au moins je suis tranquille d'esprit. Si je n'avais pas, de temps à autre, quelques *susto,* en apprenant les tentatives peu aimables des Méridionaux et des hommes de l'Ouest contre quelques-uns de mes pauvres enfants, qui reçoivent souvent, pour prix de leur dévouement, des pierres et des coups, je serais très-tranquille.

Je n'ai encore aucune nouvelle de nos missionnaires de Constantinople, et de ceux d'Alexandrie. Quelques enfants partent pour l'Amérique méridionale, ces jours-ci; d'autres partiront pour les États-Unis, dans un mois. J'espère qu'à la fin de l'année, il y en aura sur presque tous les points importants du globe. Quand, un jour, on se rappellera comment tous ces pauvres garçons vivent, on sentira quelle foi il fallait dans leur âme pour les soutenir; quelle foi! et cette foi, c'est celle dans la puissance future de la femme, dans le respect des femmes, dans leur bonheur, dans le nôtre par elles. C'est bizarre, n'est-ce pas? Que des hommes se soient coiffés d'aussi drôles d'idées. Aussi n'est-il pas étonnant que celui qui les leur a données, soit quelquefois drôle, en présence des robes de juges. Ça lui trouble la tête, ce pauvre garçon! ça lui donne des idées de femmes, de femmes, de mère, de fille, de femmes, de fille, de mère, et encore de femmes, et toujours la même chose; il n'a que la femme sur les lèvres... — Vous en avez menti; je n'ai pas la femme sur les lèvres : j'ai des moustaches et une pipe, c'est bien différent.

Malgré cela je t'embrasse.

P. E.

P. S. — 2 mai 1833.

J'apprends que tu pars seulement après demain, ma chère Thérèse. Je te renvoie encore une partie de tes lettres : je n'ai plus à toi que celles de mon voyage de Russie.

Mais tu en as gardé ou perdu considérablement, ce me semble ; du moins de celles des premières années, et aussi de 1819 à 1821.

J'aurais bien voulu qu'Eugénie me confiât également les siennes ; mais je ne sais vraiment comment elle recevrait cette demande de ma part ; et je m'abstiens.

Tu sais que tu m'avais dit, dans le temps, qu'Émile pourrait aussi me communiquer celles que je lui ai écrites. Je les verrais avec plaisir, quoique j'y tienne beaucoup moins ; car ce sont des lettres de philosophie et d'économie politique ; tandis que c'est ma vie de *cœur* que j'aime à revoir dans ma *prison*. Par ce moyen je suis ici autant que possible avec ceux que j'aime.

Bonjour, bonjour, amies, à revoir. DIEU n'a pas soldé le compte qu'il nous a ouvert depuis vingt ans. Nous avons encore affaire ensemble, et Curson se trouvera encore sur ma route. Car tout chemin mène à Rome.

Bonjour.

P. E.

CXLIII[e] LETTRE

A CAROLINE R...

Juin 1833.

De tous les hommes qui sont ici, ma fille, un seul je crois a pris *vraiment* amour pour moi ; mais aussi, comme tous mes autres enfants, voilà que Dieu l'éloigne de moi.

Tu as dit un jour : Il n'y aura plus d'orphelin ! eh bien, écoute.

Charles Pluvinet (car il s'appelle aussi Charles) est né d'une famille aisée, sa mère était belle ; elle n'était pas légalement mariée ; le père mourut, la mère et l'enfant furent abandonnés, repoussés par la famille ; la pauvre mère aussi mourut alors, misérable ! elle laissa son fils âgé de douze ans *seul* dans le monde.

Il était beau aussi, bon, confiant et tendre, à quinze ans il était presque perdu ; à seize ans il pleurait dans les prisons, condamné à cinq ans de réclusion pour complicité de vol !

Sorti de prison, se cachant à tous, craignant sans cesse qu'on ne découvrît sa vie passée, il a erré de métiers en métiers, de ville en ville, toujours sous la surveillance écrasante de la police. Jusqu'en Afrique il est allé chercher l'oubli du monde qui l'avait repoussé et perdu. Mais le pauvre garçon n'avait pas traversé cette longue suite d'épreuves sans en être accablé ; à peine revenu en France, ce n'était plus la prison qui le recevait, c'était Bicêtre. Il était fou !

L'année dernière, en juin, presque convalescent encore, le canon vint ébranler ses nerfs et bouleverser sa vie. Le malheureux, comment n'aurait-il pas applaudi à tout ce qui pouvait détruire ce qu'on appelle l'*ordre ?* Le 5 il fut pris et condamné à cinq ans de détention.

Dieu voulait m'envoyer le pauvre orphelin.

Cet hiver un de ses camarades lui reprocha publiquement son ancienne faute ; il y eut entre eux une lutte violente, dont il fut le vainqueur, mais le trait avait porté; depuis lors sa santé se dérangea; la prison l'accablait, les chaleurs de mai l'achevèrent. Dans la nuit du 27 au 28 une crise nerveuse terrible nous effraya tous, ses cris nous déchiraient; une seconde crise est revenue hier, et aujourd'hui il est parti pour l'hospice de Bicêtre, quoique sa maladie ne soit pas la folie, mais une altération nerveuse assez grave qui pourrait facilement dégénérer en épilepsie.

Bicêtre lui fera du bien, il y verra des arbres, y respirera de l'air; il est recommandé au médecin qu'il connaît déjà; le directeur lui veut du bien, car il l'avait employé dans la maison à sa première maladie.

Ma fille, tu connais déjà le chemin de Bicêtre; veux-tu être l'ange gardien de cet orphelin?

Dans ses crises, il appelait sa MÈRE, et la voix du PÈRE le calmait, car il sait bien qu'au nom de Dieu j'ai promis à tous la MÈRE; mais dans son hôpital il appellera aussi le PÈRE, et personne ne répondra.

Que la main d'une de mes filles passe sur le front du malheureux.

Qu'à défaut de MÈRE et de PÈRE, *DIEU* BON et BONNE lui envoie une SŒUR, une AMIE.

Qu'elle lui rende la vie moins dure, et qu'il lui doive sa liberté.

P. E.

CXLIXe LETTRE

A CAROLINE R...

Juin 1833.

Aujourd'hui le docteur Gervais, qui est ici prisonnier avec moi, ami de M. Leleu, médecin de Bicêtre, lui a écrit pour lui demander, chère fille, de te laisser voir Pluvinet (appelle-le Charles) s'il n'y a aucun inconvénient pour sa santé; or, d'après la lettre que je viens de recevoir de Charles, sa tête est très-bien.

Le pauvre enfant demande un exemplaire de la *Morale,* un bouquet de fleurs et du tabac en poudre pour donner à quelques fous; prends note de cela. — En sortant d'ici on l'a fait passer par la préfecture de police. Là il s'est trouvé avec quinze filles publiques. Ces filles se sont cotisées pour lui faire une petite somme, pour lui et son camarade (fou qui se croit fils de roi et qui n'avait pas un sou). Ai-je donc tant de tort d'aimer ces malheureuses? — Je crois que tu peux ne pas attendre les huit jours qu'on t'a fixés. — Adieu, chère petite.

P. E.

CL^{E} LETTRE

A HOLSTEIN

Juin 1833.

Je t'envoie ma correspondance avec mon père.

Peut-être te sera-t-elle encore incompréhensible, peut-être ne la sentiras-tu pas encore, je le crois même; car puisque le *monde* et mon *père* ne comprennent pas et ne sentent pas encore ma vie, il faut bien que toi, AMI, par le titre même que je te donne là, et qui ne t'es pas acquis par la *vie nouvelle* seulement, mais surtout par *l'ancien monde*, il faut bien, dis-je, que tu participes à ce malentendu entre l'ancien monde et moi. Ton mérite aux yeux de tous et de toutes, un jour, et ton titre déjà ancien à mon affection, sont d'avoir marché *toujours*, sans avoir *toujours* compris et senti ; et ce mérite et ce titre, je les partage avec toi, car ce qui a eu lieu de toi à moi, sous ce rapport a eu également lieu de moi à toi ; c'est parce que depuis longues années et pour toujours NOUS avons FOI l'un dans l'autre que nous sommes AMIS.

J'espère cependant que le résultat de tes efforts (certes on ne peut mieux intentionnés) auprès de mon père, résultat dont ses lettres font foi, t'aidera d'ailleurs à concevoir que souvent le contact le plus bienveillant est plus mauvais que l'isolement et le silence.

Toutefois je te le dis encore, je doute que tu approuves complétement ma conduite, et pourtant je t'engage à examiner d'après quel principe de morale tu la juges.

Songe que je ne suis ni le fils d'Abraham, ni celui de Marie ; et que Dieu m'avait placé entre Rodrigues courbé devant Melchisedech, et Bazard traitant son père comme un saint Joseph.

N'oublie pas surtout que le *monde* d'où je suis sorti, et mon *père*, c'est tout un ; que celui-ci ne saura à qui il a donné la vie que lorsque l'autre l'apprendra ; enfin qu'UNE FEMME enseignera à mon père qui est SON FILS, et au monde qui est l'HOMME. Or tu es du *monde* et de la *famille*, plus que qui que ce soit de nous, tu le sais bien, et j'en suis heureux ; il y a longtemps que je t'ai dit et que j'ai dit à tous : que tu étais mon lien entre les affections du vieux monde et celles du monde nouveau, car toi seul, dans la famille, possédais ce double caractère.

Rappelle-toi aussi ce que, selon notre foi, nous *devons* au passé ; tu sais que notre dogme sous ce rapport diffère des dogmes anciens ; nous voilons toujours la nudité de nos pères et nous leur rendons justice et reconnaissance ; et pourtant nous n'avons ni obéissance servile, ni calinerie fardée, et l'âge d'or, malgré les traditions, est devant nous, non derrière.

Sois certain que nous devons être en *morale* ce que nous sommes en *politique*, vivre avec la *famille* comme avec l'*État*. Je suis en PRISON.

Tu te trompes dans les conséquences que tu tires de mon silence après ton dernier billet; j'ai pensé que je devais attendre une seconde lettre plus calme de toi; et comme je te dois toute vérité, j'ajoute que ta douleur et ta mauvaise humeur en cette circonstance me semblent s'être soulevées contre TOI plus que contre MOI, c'est encore ce qui m'a fait attendre. J'ai pensé que ce qui te faisait surtout désirer que j'écrivisse à mon père, c'était le désappointement que tu éprouvais d'avoir perdu le calme dans ta discussion avec lui, ou du moins, de l'avoir très-involontairement si fort irrité. De même mon père t'en veut beaucoup plus pour les torts qu'il a eus envers toi que pour les tiens à son égard; j'en suis convaincu; ce sont petites illusions très-fréquentes, surtout entre personnes qui s'aiment.

Je voudrais aussi que tu te rappelasse ma lettre à Saint-Cyr, à Saint-Cyr qui certainement a été un second père pour moi : elle était peu filiale, selon la *vieille* acception de ce mot, et cependant j'ai foi que je devais agir ainsi, pour lui comme pour moi.

Certainement si mon père souffre autant, c'est que lui, comme tous, n'a jamais vu en moi une face de *sévérité*, de *rigidité*, sans cela ses idées sur les duperies dont j'ai été l'objet ne lui seraient jamais venues; il serait plutôt obligé de me croire fripon et, devant cette conséquence, je crois qu'il s'arrêterait.

Crois-tu qu'il n'est jamais convenable de montrer une face sévère à son père? rappelle-toi le tien mangeant des épices à se tuer et demande-toi, même, si plus de sévérité dans ta conduite à son égard et moins d'aveugle confiance, ne t'aurait pas permis de mettre obstacle au délabrement de sa fortune comme à celui de sa santé. Plus fait douceur que violence, cela ne veut pas dire que la force, la dureté même (*apparente*) ne fasse rien de bien.

Le père des Nugues était un vrai tyran pour ses filles et pour Louis, et dans ses accès de colère il se donnait des indigestions et même le choléra, jusqu'au moment où Saint-Cyr, malgré ses habitudes pacifiques, se décida à montrer une volonté ferme et sévère et à prendre la direction de sa famille et de son père lui-même; car il vient un moment où la génération *qui passe*, impuissante à comprendre la génération *qui est* (et c'est pour cela qu'on dit qu'elle *passe*) a besoin d'être placée sous la direction de celle *qui est*.

Fais je te prie une copie de ma correspondance avec le père.

Je me doutais bien, mon ami, de ce que tu me dis d'Ollivier; mais figure-toi que l'on t'ait demandé (en dehors de nous) ce qu'il faudrait faire pour la santé et l'*avenir* d'un homme, dans l'état où était Ollivier en janvier; n'aurais-tu pas dit : aller à la campagne, vivre avec les vaches, ne pas se fatiguer, se distraire en menant une vie d'oisif, engraisser, faire provision de santé. C'est je crois ce qu'il fait, et il en avait grand besoin. Je sais combien ce contact de deux vies dissemblables doit être souvent fatigant, j'en ai eu l'exemple ici, dans Michel et moi qui souffrions l'un et l'autre; mais patiente encore, mon vieux, à moins que tu n'aies pour toi ou pour Ollivier quelque rêve de petit voyage apostolique; parle-m'en, je n'en serais pas surpris, car il me semble quelquefois que je suis tout prêt d'en rêver un pour l'un de vous. Le fait est que si l'on parlait sérieusement d'amnistie, je crois que je vous ferais courir l'un ou l'autre et peut-être tous deux pour préparer certaines choses auxquelles je rêve vaguement quelquefois.

Je te renvoie tes lettres pour en faire *une double copie;* je crois t'avoir déjà renvoyé la précédente.

Ollivier monte son quart comme un marin, il est en faction, tandis que toi, pauvre bêcheur, je te vois suant sang et eau à la corvée ; mais tu ne me dis rien du reste de la maison et j'aurais été bien aise de savoir aussi par toi comment allaient Bazin et toutes les femmes et enfants, et comment ils prenaient la rêvasserie oisive d'Ollivier. — Dîner, déjeuner, promener, dormir, fumer, vie de chanoine, il va engraisser. — Ta lettre me montre que les choses en sont venues entre vous à un point où une solution est pressante et ta lettre est du 15 juin; six mois encore de prison. Je trouve tout simple qu'il y ait à Ménilmontant la contrepartie de ce qui s'est passé ici, et que cela finisse de même, mais quelle est la solution? C'est ce que j'ignore complétement, cela ne peut venir que de vous. J'étais tellement sûr que Michel devait avoir à faire dehors et qu'il y trouverait facile appui, que je n'ai pas hésité à l'y pousser presque par tous les moyens possibles ; mais entre vous que doit-il advenir ? C'est ce que j'ignore, je ne sais pas si l'attente du PÈRE et celle de la MÈRE peuvent faire faire un acte extérieurement le MÊME ; dans tous les cas je ne verrais pas d'inconvénient à ce que tu dises cette dernière pensée à Ollivier, comme venant de moi, il me semble même qu'il n'y aurait pas d'inconvénient à lui montrer cette lettre, car enfin il faut bien que vous vous arrêtiez sur une mission qui vous soit personnelle. Je te dis cela quoique moi-même je sois *complétement* ignorant de ce que je ferai en sortaut d'ici, et que je ne sache *en aucune façon* ce que je ferai et où j'irai ; si je serai avec des hommes ou avec des femmes ou avec des enfants ou tout seul, et je te dis *tout seul* à toi-même, ami, à toi, vieux, quoique peut-être tu ne doives pas plus comprendre ce mot, à toi adressé, que ma conduite avec mon père, parce que je ne suis pas plus un *ami* du vieux monde qu'un *fils* du vieux monde, de même que je ne serai pas un *époux* du vieux monde. Pour moi, dans tous ces sentiments, il y a la part *sociale* et la part *individuelle,* le devoir envers *tous* à écouter pour juger si le devoir envers *un* est dans des bornes saintes et légitimes, et je n'aime pas trop à cause de cela me bercer de ce que *j'espère*, afin d'être prêt à tout. Fais de même.

P. E.

CLIe LETTRE

A ALEXIS PETIT

Le retard que tu m'annonces dans l'impression, et une lettre que m'écrit Cécile sur la peine qu'elle éprouve de ne pas pouvoir faire le journal des *Actes des Apôtres,* me font croire qu'il manque encore un fait vivant dans tout cela, je veux dire une *personne* qui comprenne que c'est une *belle* œuvre et par conséquent une œuvre *facile;* car je ne conçois pas comment on ne ferait pas cela facilement, puisque Suzanne fait bien son journal. — Or ce ne serait pas plus difficile — et je suis même certain que si un seul mot de ce projet était tombé dans l'oreille de Suzanne, elle aurait donné quelque idée.

Ce journal serait aussi le point de départ d'une publication successive de quelques-unes des pièces les plus intéressantes de nos archives ; soit dit sans mépriser le *Siècle* et l'*Artiste*, Est-ce que Rochette n'a pas senti vibrer une corde, quand il a entendu parler de cela, *s'il* en a entendu parler, car vous parlez peu, m'as-tu dit.

Morville est donc l'homme qu'il faut pour exécuter *entièrement* cette œuvre, mais il n'a pas assez d'activité *extérieure ;* si donc Béranger va à Rouen, cela n'ira pas ; et même s'il n'y va pas, ce ne sera pas suffisant, parce que ni Béranger ni même Morville ne verront LA *leur œuvre*.

Si d'ailleurs celui qui fera cela n'est pas certain d'y trouver, pour lui-même, *de quoi vivre,* il ne faut pas le faire ; mais n'oubliez pas que le moment approche, s'il n'est déjà venu, où l'on pourra vivre par son travail de *presse* comme par son travail de *pioche,* comme par ses chants de trouvères, même, *avec* notre signe et *malgré* ce signe, *parce que* et *quoique* Saint-Simonien. — Mais pour cela il faut oser le dire haut par la *presse,* comme on le dit haut par le *costume,* et s'afficher dans les annonces des journaux, comme on se traîne dans la boue des routes de Digoin.

Si Jonneau mérite la réputation d'habileté et de dévouement que Fournel lui accorde, il doit savoir tout cela, et y avoir déjà pensé.

On a cru que ceux qui reprenaient l'habit bourgeois devaient se mettre au prolétariat de la presse, en faisant des articles bien *dissimulés* dans les journaux. C'est très-bon pour quelques-uns sans contredit, Flachat par exemple; mais ce n'est pas bon pour tous; il y a aussi à faire comme Heart et à prendre *pour son compte* une demi-lieue de chemin.

Fournel a fait dans sa bibliographie une œuvre de devoir, de conscience et d'utilité *future* bien prévue; mais il y a, ou du moins il y aura très-prochainement œuvre *immédiatement* utile, œuvre intéressée, à faire avec la presse, et je doute qu'elle puisse commencer par d'autres éléments que les actes des *apôtres*.

Nous avons d'abord publié *nos* IDÉES philosophiques et politiques (*Producteur* et première année d'*Organisateur*). Ensuite nous avons raconté et jugé les ŒUVRES philosophiques et politiques des *autres* (Globe). Mais nous n'avons pas encore reçu de Dieu, sur notre presse, la bénédiction de sa *droite* qui dispense la *richesse;* nous n'avons pas su *vendre* et vivre de nos *produits,* nous n'avons pas reçu la consécration *industrielle* sur les fruits de notre travail *intellectuel;* cette bénédiction, cette consécration ne viendra pas sur d'autres prémices que celles qui naissent dans cette dispersion d'apôtres *prolétaires,* car ce sont là les premiers *actes* à *écrire* en *caractères nouveaux.*

Ces derniers mots que je viens de dire, doivent être pour toi (je dis aussi pour vous, d'après ce que tu m'as dit de tes conversations avec Fournel sur ces sujets) matière à réflexion; mais je l'avoue, ici il m'est impossible de ne pas revenir sur ma première idée, malgré la lettre de Cécile, parce que je crois que les femmes seules peuvent donner un *caractère* nouveau à la presse, car avant tout c'est le caractère VIVANT qu'il faut changer, avant de toucher au *cicéro,* grande et petite capitale, etc., etc.

Je sais qu'une partie des douleurs de l'apostolat consiste à ne rien faire, je le sais, car Ménilmontant et la prison m'ont été donnés pour l'apprendre; mais il y a d'autres douleurs, c'est de faire *malgré* les cris et les injures possibles ou probables; c'est même le moyen de faire tomber les cris et les injures.

Ainsi le courage des femmes qui se sont montrées sur l'estrade de la salle Taitbout, n'a réellement pas été trop sali par d'indécentes sottises, et ceci non pas grâce à nous seulement, mais surtout grâce à elles.

Anna et Pauline, me dis-tu, en sont à leur Ménilmontant; tu as raison, mais Ménilmontant, c'est 1832, or nous voici à *la moitié* de 1833, on peut donc faire plus qu'elles, on peut presque se faire lapider comme Hoart, Lacavalerie, Biard, et les Nantais. — Et c'est un remède qui guérit bien des maux quand on n'est lapidé qu'à moitié.

Je crois bien que si j'étais homme du *vieux monde,* je rirais beaucoup des lettres que Cécile, Pauline, Marie, Caroline, m'écrivent, mais je crois que si j'étais femme, et surtout si j'étais LA FEMME, ces lettres me feraient furieusement réfléchir. En d'autres termes, homme je pourrais bien les lapider de mes sarcasmes, pour le *caractère* nouveau de leur *verbe* de femme à un homme, si je connaissais ce *verbe;* mais femme, il me semble que je méditerais bien profondément, si même je n'agissais pas avec enthousiasme.

Je douterais d'abord que des femmes *osassent* parler ainsi, j'en douterais peut-être beaucoup, car c'est bien extraordinaire ; mais si j'en étais *sûre,* bien *sûre,* il me semble que je deviendrais *folle,* ou je serais convertie.

Je t'ai dit, il y a quelques jours déjà, que j'entrais dans cette seconde *moitié* de ma vie de prison, avec la pensée que j'allais percer peu à peu ma coque de silence ; le *papillon* veut essayer ses ailes, avant de voler aux noces divines. Jusqu'à ce jour l'orage a été dans le ciel, et m'a forcé à me resserrer encore dans ma coque, mais le ciel s'ouvre aujourd'hui, la terre est arrosée, les fils de mon cocon se détendent, il faut bien que j'en casse quelques-uns, peut-être ne verras-tu pas encore ma tête aujourd'hui, tu auras toujours un bout de mes antennes.

Remarque bien qu'en te parlant tout à l'heure des lettres qui me sont adressées par des filles aimantes, je suis *très-loin* d'exprimer par là que je désire la publicité de *ces lettres;* non certes, mais du sentiment, de la vie qui les dicte.

Et c'est parce que toutes ces vies me semblent emprisonnées sous la réserve chrétienne, que je parle, moi qui ne peux pas leur donner la liberté nouvelle, et qui pourtant ai pu en affranchir quelques-unes des liens les plus durs du passé, et qui ME dois de les traiter au moins comme *affranchies*, sinon comme libres, de la *liberté sociale* que leur donnera avec moi leur MÈRE, moi qui le dois surtout à la MÈRE, aux *femmes*, à mes *fils* qui souffrent, au peuple et à *DIEU*.

Voilà pourquoi le premier acte de *culte* des femmes, le 6 juin, m'a été très-doux.

Mais les *actes* de cette nature ne sont pourtant pas les seuls que j'espère, car ils ne se rapportent qu'à moi directement, et je ne leur crois pas, en ce moment où dure ma prison, et où elle peut durer assez longtemps encore, une grande importance *indirecte;* celui-ci m'a été doux, parce que j'y ai vu le germe d'*autres actes*, au moment où déjà je *les* rêvais.

Il y a deux sortes de publicité, intellectuelle et matérielle, la presse et le costume. Je crois bien que les femmes ont fait pour le costume tout ce qu'elles pouvaient faire, en l'absence de la MÈRE, d'abord à la salle Taitbout, ensuite à

Ménilmontant, à moins que la situation des apôtres dispersés ne devienne assez dangereuse pour piquer le courage de quelques virago. Mais la tribune des femmes ne me paraît pas devoir être le seul témoignage public de l'espoir qui est en elles, ou du moins il faudrait bien la perfectionner, quoique je sache très-bon gré à Reine, à Désirée et à Suzanne de ce qu'elle est.

La publication de la parole du 8 était un commencement. La petite préface *non signée* était sans doute tout ce qu'il fallait pour accompagner une œuvre de moi. J'ai vu depuis le mot d'Aglaé sur la duchesse de Berry, cette fois-ci signé, mais d'*initiales* seulement; c'est un pas encore. Le journal de Suzanne n'est signé également que de *noms de baptême*. Tout cela ce sont des préparations à œuvre publique de femme, mais ce n'est pas *œuvre de femme*. Et comme aujourd'hui que je t'ai fait parler à Cécile des *actes des apôtres*, tu me dis et elle me dit que cela *leur* est impossible, si je croyais à cette impossibilité, je n'en attendrais pas moins une *œuvre de femme*. Celle-là, ou une autre, il me semble qu'il y en a une d'annoncée.

C'est à ce dernier paragraphe que tu peux réduire le résumé de tout ce qui précède ; car, je te le répète, c'est un bout de mes antennes et non ma tête que tu vois.

Je ne sais donc pas quelle œuvre elles peuvent faire, puisqu'il paraît que je me suis trompé dans le choix que d'abord j'avais fait. Je renonce volontiers à leur entendre chanter les faits et gestes de leurs chevaliers, mais non à les entendre chanter. — Je n'en regrette pas moins jusqu'à nouvel ordre de ne pas entendre accorder leurs instruments pour célébrer les compagnons de la femme.

Tu vois, au reste, que je m'amuse à causer longuement avec toi pour mon dimanche, car tout ce que je te dis là j'aurais pu le réduire infiniment en me bornant tout simplement à transcrire les lignes suivantes de la lettre de ta mère :

« Puisque toi, toi seul aujourd'hui formes un
» centre, tu aurais bien fait de prier toutes les
» personnes éparses, comme Duguet, Bar-
» rault, etc., de t'écrire ce qu'il y aurait de
» plus remarquable dans leurs excursions, et
» de faire connaître ensuite à tes correspon-
» dants, par des circulaires, ces événements

» qui tiendraient les fidèles ou même les apôtres » en haleine. »

Quand une femme s'exprime ainsi, je n'ai plus rien à dire ; j'espère que la voix qui appelle cet œuvre est bien claire.

Cécile lira certainement ce passage avec joie.

Adieu, monsieur l'*opposant;* je vous ai déjà dit plus d'une fois que vous étiez un rusé diplomate.

P. E.

CLII[e] LETTRE

A ALEXIS PETIT

Je ne sais pas, en ce moment, quels autres travaux tu aurais à y mettre.

A propos de travaux passés, je désirerais jeter les yeux sur mes leçons de la salle Taitbout qui sont sténographiées et n'ont pas été rédigées. Fais-moi les passer.

Quant à la reliure de la collection des originaux, je crois que ce serait difficile ; c'est d'ailleurs une chose qui regardera Fournel qui en aura la garde, comme tu le remarques fort bien. Il verra ce qui lui conviendra.

Encore un ami de la Charte intéressant, pour l'affaire de Lamaillauderie à Rennes ; il faut l'envoyer à Fournel, ainsi que ceux d'hier de la Sarthe et de Nantes.

Fais-moi le plaisir d'écrire à Bontems (à la verrerie de Choisy-le-Roi, près Paris), pour lui demander si la lettre de moi qu'il a retrouvée dans les papiers de Thibaudeau, est celle de février 1830. Si ce n'était pas celle-là, le prier de te l'envoyer, ou au moins copie. J'aimerais mieux dans tous les cas, quelle qu'elle soit, qu'il te renvoyât l'original, et il ne s'y refusera pas en lui disant que c'est pour les archives. Tu mettras sur l'adresse : *en son absence, à M. Vital-Roux.*

Tu diras à Bontems que, s'il avait d'ailleurs quelques papiers intéressants de doctrine à te remettre, il te ferait plaisir. Je crois que Thibaudeau a dû aussi laisser quelques livres qu'il serait précieux de ravoir par là : peut-être a-t-on là un *Organisateur* complet dont on pourrait faire cadeau au père. Dans tous les cas il doit y avoir un quatrième cahier de l'*Industrie* et même je crois les deux premiers volumes de cet ouvrage.

Même jour. Je ne tiens pas assez aux débats pour que tu te donnes la peine de venir une fois de plus, surtout aux débats de la veille.

Je te renvoie la lettre de Gallois.

Je crois que Cécile a dit un peu trop, en écrivant : aux femmes *seules*, etc. Toutefois si l'UNION de femmes et d'hommes n'était pas possible pour cette œuvre, elle a bien *dit*, et ce qui se *fera* sera bien : mais plus que jamais alors, il faudra que l'écrit porte le *caractère* FÉMININ, de manière qu'un Indien lui-même ne se trompe pas sur le sexe de la face de Dieu qu'il devrait adorer en lisant, fût-il adorateur de Brahma, de Siva ou de Wichnou ; or je crains que ces dames n'en soient pas là, mais je sais qu'elles peuvent me donner un démenti sur cela comme sur beaucoup de choses.

En attentant, bonjour affectueux à Béranger et à Morville, mais dis à Béranger que j'aime à voir les lettres datées selon notre calendrier. Charge-le en outre d'embrasser Sophie pour moi, laquelle Sophie baisera sa petite maman sur les deux jours au nom du Père.

Je suis fâché du nouveau retard que le petit

voyage de Cécile devra nécessairement apporter à la publication : je m'en consolerai facilement, s'il en résulte une conception plus nette de l'œuvre à faire, je l'espère ; je ne puis même que l'espérer, car j'ignore entièrement comment ces dames conçoivent leur apparition actuelle sur la scène publique. C'est chose grave, mais qui pourtant peut s'improviser, quand on est comme elles saturé de vie nouvelle.

Cécile dira peut-être que je me mêle un peu trop de ce qui ne me regarde plus ; elle aura raison de le dire, et pourtant je crois avoir aussi raison de le faire, car les petites picoteries ne sont pas bannies de la vie nouvelle ; sans cela nous serions sous la loi d'une foi *absolue* en tout et pour tout : l'*opposition* est impérissable, non celle de Larabit, Cabet, Garnier-Pagès et Cie, mais celle dont d'Eichtal a si souvent donné l'exemple dans ses rapports avec moi, et dont je crois être destiné à laisser des modèles dans mes rapports avec mes filles, surtout quand leur MÈRE sera là. Or ELLE avance. Elles en appelleront à ELLE et me feront gronder ; je ne demande pas mieux.

Puisqu'il tonne encore et que la terre se mouille, puisque les nuages fondent et que l'électricité du grand monde se verse dans le petit monde pour rétablir la divine harmonie, puisque Dieu parle à tous par la grande voix de l'*espace*, je peux continuer de gronder *tout bas à ton oreille.*

Je ne crois pas qu'en sortant d'ici je porte des jupons et un voile, mais je ne serais pas étonné que le monde me crût métamorphosé en femme; car il pourrait se faire que le milieu qui m'entourera n'ait pas grande barbe au menton; et à travers ce milieu, par une illusion d'optique, ils pourront bien croire que l'individu couvert de ce nuage de femmes soit femme aussi. Dans tous les cas, c'est une solution *possible;* j'aime mieux rêver à celles-là qu'à celles qui ne le sont pas.

Claire a dit un jour, et même m'a écrit, que je voulais me faire un sérail et qu'elle n'en voulait pas être. Elle se trompait au moins une fois dans cette double assertion. *Sérail* est vieux, c'est un vilain mot d'esclave, qui ne vaudrait guère mieux que *parc aux cerfs*, quoique Mahmoud et Méhémet n'en fassent pas fi. — Mais il y a sous ce vilain mot une idée qui pourrait bien être prophétique. Nous verrons.

Le fait est que je ne vois que trois manières de recevoir la mère pour moi : ou *tout seul*, ou à la tête d'un *peuple,* ou entouré de *femmes seulement,* de leur CULTE filial, respectueux et tendre, obéissant et dévoué jusqu'à l'insolence envers le monde qui ne les comprendrait pas.

Car il y a deux natures de femmes, comme il y a deux natures d'hommes ; Barrault pense bien, lui, que la MÈRE *viendra* entourée d'un cortége *mâle* seulement, on peut rêver pour le PÈRE un cortége *femelle* pour l'attendre.

Et ces trois formes de l'attente ont cela de particulier, que je les ai parcourues toutes les trois par la pensée, savoir : *le peuple,* pendant les derniers six mois de Ménilmontant ; la *solitude* complète, pendant mes premiers six mois ici ; enfin la DERNIÈRE, depuis que cette demi-année s'est achevée. A la première correspond MICHEL, à la seconde D'EICHTAL : la troisième me paraît être un peu plus purement MIENNE, toutefois avec un léger reflet de la pensée de BARRAULT, renversée.

Te dire que je vois à l'avance les membres de ce bataillon sacré, je m'en garderais bien ; car il y a six mois, peut-être, d'ici à ce que je sois libre, et pendant six mois bien des choses arrivent.

Le tonnerre se tait, je me tais comme lui.

Voici le soleil.

Attends un nouveau grondement pour parler de ce que je te dis aujourd'hui ; jusque-là réfléchis, et ne m'écris même pas sur ce sujet avant que je te le demande.

Songe bien, surtout, que le CORTÉGE peut être RÉEL OU MYSTIQUE ; que je peux être entouré *à distance* aussi bien que *de près, intellectuellement* comme *matériellement, sans* ou *avec* contact, et que mon rêve doit n'être considéré que comme l'expression de cette autre idée. Il y a dans l'air quelque chose qui dit au PÈRE que les femmes songent déjà plus à lui que les hommes.

P. E.

CLIII[e] LETTRE

A BARTHÉLEMY ENFANTIN

Sainte-Pélagie, 8 juin 1833.

Père,

Je te remercie du témoignage de tendresse que tu as voulu me donner, en cherchant à m'éclairer sur les dangers que ton affection redoute pour moi.

Je suis douloureusement peiné du mal que ces inquiétudes te causent.

Si tu ne souffrais pas autant pour moi, je serais heureux, car ma santé est aussi bonne que possible, et devant l'avenir, tu le sais, j'ai toujours l'âme tranquille et calme.

Je t'embrasse toi et Augustine avant votre petit voyage qui me fait plaisir, il sera bon pour tous deux.

Adieu, père.

P. E.

Je te renvoie les dispositions que tu m'as

communiquées, tu sais que je ne signe plus aucun titre officiel.

CLIVe LETTRE

—

A BARTHÉLEMY ENFANTIN

17 juin 1833.

Père, je t'avais répondu de suite deux mots à ta lettre du 15 juin, ton départ a empêché que cette réponse ne te parvînt à Paris ; c'est pour moi une indication que je devais tout à fait m'en abstenir ou que je t'en devais une plus détaillée ; je t'avoue que j'ai hésité entre ces deux solutions.

Parmi tous les jugements portés sur moi, le tien est sans contredit le plus pénible et bien certainement le plus extraordinaire.

L'*immoralité* théorique dont M. Delapalme m'a accusé n'est rien auprès de ce que tu t'es décidé à me dire sur le tombeau et le dépouillement de ma mère.

Les accusations d'*escroquerie* font à peine la contre-partie de la faiblesse, je dirai même de la bêtise avec laquelle je me suis laissé, selon toi, voler, piller par des hommes que le monde, au contraire, m'accuse d'avoir escroqués.

Je te le répète, s'il m'est pénible d'être mal jugé par le monde, il m'est très-douloureux de l'être par toi.

Voilà pourquoi ma première lettre était courte, et même, comme tu le dis, froide.

J'ai hésité à te répondre, te dis-je, non-seulement parce que je me crois dans l'impuissance de te faire comprendre et approuver, je dirais presque respecter ma conduite, autrement que par ses résultats *futurs*, mais aussi parce que je t'ai déjà dit plusieurs fois si positivement que je n'entendais contrarier en rien tes dispositions de fortune, qu'une nouvelle promesse devrait être inutile.

Cependant, père, puisque ma parole et les procurations très-étendues que j'ai données à Chabannier et à Fournel ne suffisent pas pour te donner toute tranquillité à cet égard, je te répète formellement ici, *par écrit,* que je ne contesterai en rien aucune des dispositions que tu feras de tes rentes ou pensions, et spécialement de celles que tu m'as fait connaître relativement à Augustine.

Et maintenant je te demande de songer s'il n'est pas *possible* que tu te trompes dans ton jugement sur moi et sur ceux que tu désignes comme m'ayant dépouillé ; si cela n'est pas possible, dis-je, quand bien même une foule d'apparences te sembleraient confirmer ce jugement.

Pour t'aider à concevoir ce doute, je ne relèverai qu'une seule partie de tes lettres, il est vrai que c'est la plus pénible.

Si je mettais sur la tombe de ma mère quelque chose qui la désignât, comme elle est MA mère, tu verrais le lendemain même sa tombe souillée d'une partie de la boue que l'on jette sur moi ; je ne le veux pas.

Si, comme je le pense, tu sens la justesse de ce que je viens de te dire, et par conséquent l'injustice du reproche de légèreté, d'oubli, d'indifférence que tu m'as fait, tu comprendras combien il a pu me froisser.

Père, je t'ai toujours béni, tu dois te le rappeler, pour le signe que tes malheurs ont imposé sur mon front. Je ne me suis jamais plaint que du *monde,* non de *toi* lorsque MON NOM m'a fait refuser l'entrée d'une carrière que j'aimais alors et plus tard la main d'une jeune fille que j'aimais aussi. Aujourd'hui c'est moi qui ai fait remonter vers ceux qui m'ont donné la vie les nouvelles douleurs que, moi aussi, j'ai attachées à MON NOM. Père, pardonne-moi le mal que je te fais; n'as-tu pas horriblement souffert, toi, de celui que tu croyais m'avoir transmis, en me donnant ton nom? Et pourtant, tu te trompais, je ne rougissais pas de ton héritage, moi, j'en étais presque fier, car c'est à lui que je dois la volonté d'ÊTRE *par moi-même;* mais toi, père, tu souffres, tu rougis pour moi, je t'ai couvert du manteau d'injures qu'ils ont jeté sur moi, et je t'en vois brûlé. Pardonne-moi, père, car j'ai dû faire ce que j'ai fait pour réhabiliter glorieusement VOTRE NOM, Dieu m'en a donné la puissance, et il m'a rempli de l'espoir de couronner ainsi ta vieillesse.

P. E.

CLVe LETTRE

A HASSENFRATZ[1]

Sainte-Pélagie, 28 juin 1833.

Merci de ta lettre, vieux camarade, quoiqu'elle soit un peu courte, et qu'elle ne me donne pas beaucoup de détails sur vos *plaisirs,* très-peu variés, il est vrai, et encore moins nombreux. Moi de mon côté je n'ai presque rien à t'apprendre. La prison se dépeuple chaque jour; Clichy vient d'y faire un gros vide; on y est sage comme en un couvent; c'est on ne peut pas plus édifiant. Les événements y sont rares. Aussi, je te le répète, je n'ai pas grand'chose à te dire; mais j'aime à causer un moment avec toi, et par toi, avec tous. Aussi je me hâte de te répondre.

Eh bien, grand bahutier, tu as dû avoir joliment à faire, pour arranger convenablement ton

1. Hassenfratz avait été mon camarade au lycée Napoléon, où il partageait souvent avec moi les honneurs de la *dernière* place en quatrième et en troisième. Il était fils du professeur de l'école.

donjon, et y mettre en batterie ta cuisine. Heureusement, tu n'es pas manchot; et je suis bien sûr que tu parviens, en réchauffant tes mauvais haricots et tes sales lentilles, à en faire des plats excellents. Je t'avoue même que, malgré notre vieille camaraderie, ce n'est pas toi que je suis disposé à plaindre le plus; et, si tu jouissais du bonheur de Lepage et Couvreur, si certaine personne faisait le voyage, je crois que tu te déclarerais toi-même le moins malheureux des prisonniers de Saint-Michel.

J'ai lu aujourd'hui une lettre du père Butoud, remise par lui à un piou-piou, et qui a été vingt jours en route. Celle-là, au moins, donnait des détails, mais nous les connaissions déjà presque tous par d'autres lettres. Le brave père Butoud, tu peux lui dire qu'il est bien aimé ici; car on y parle souvent de lui; et, quand il arrive une lettre, j'entends toujours dire : Comment va le père Butoud?

L'artiste Geoffroy ne paraît pas avoir grande envie d'aller rejoindre son ancienne famille Bainse, Toutpriant et toi, vous avez beau lui tendre la main, il fait la sourde oreille. Je crois qu'il aime mieux faire nos portraits que les vôtres.

Tu sais qu'on nous a enlevé pour Bicêtre Lacroix, Louisette et Vallier; et pour la Force, Basières, le tout, pour quelques bouteilles bues de travers, qui leur ont fait tousser de gros mots à la figure des gardiens, du directeur et des gendarmes; et aussi pour quelques chaises, lits et tables cassés.

Le pauvre Pluvinet a été conduit à l'hospice de Bicêtre. Il avait eu deux attaques de nerfs très-violentes, qui avaient fait craindre pour sa tête; il est beaucoup mieux.

Notre malade, ce malheureux Destigny, traîne, traîne toujours, et ne se relève pas. S'il en revient, il devra un fameux cierge à Gervais, qui l'a soigné merveilleusement.

Mon voisin Vigouroux travaille comme un enragé. Il fait tirer trois pendules en loterie, le 5 juillet, et a fait en quinze jours un apprenti (M. de Henry) qui fait et monte déjà assez proprement un mouvement de pendule.

Son camarade, Rojou, qui est aussi mon voisin, boit, rit et mange toujours, quand il ne dort pas. Je voudrais pouvoir envoyer sa recette au bon Saint-Etienne. Donne-lui une solide poignée de main pour moi, car je l'aime bien.

Duxelhoffer me charge très-spécialement de te faire ses amitiés.

Tu me rappelleras au souvenir de Marchand, de Jeanne et de M. Piégard. Bonjour aussi à Rogé et Lechat. Je suis fâché qu'ils aient autant oublié leurs visites à la salle Taitbout ; j'espère que la mémoire leur en reviendra un jour.

Je voudrais qu'un souvenir d'amitié fût agréable à Prosper. Le temps que nous avons passé ensemble ici ne serait pas de nature à me le faire croire ; mais je n'ai pas l'habitude de désespérer, à l'égard de ceux qui ne m'aiment pas et que j'estime ou que j'aime. Je suis toujours sûr que le moment de la justice viendra, et qu'on donnera *à chacun ce qu'il mérite*.

Quant à Bainse, Lepage et Toutpriant, sans préambule, tu boiras avec eux, à ma santé, la première goutte de liquide potable, autre que le cidre, qui vous tombera du ciel. Je vous rendrai la pareille ici, et avec usure, pauvres reclus. Je dis : à *ma* santé, s'il y a deux coups à boire, le premier devant être pour les femmes. Buvons à leur affranchissement et à la reconnaissance de leurs droits; car il ne faut pas toujours parler des droits de l'homme *seulement,* surtout quand on est homme. C'est égoïste; et d'ailleurs il me semble que les femmes vous prouvent qu'elles savent faire un bon usage de leur liberté.

Dis à Saint-Étienne qu'il ferait bien d'écrire à Michel. Qu'il adresse sa lettre à M. Petit, rue de la Fontaine, n° 7, pour M. Michel. Il est inutile qu'il lui dise que c'est moi qui l'y engage. Dis-lui tout cela ; et, encore une fois, donne-lui une bonne poignée de main pour moi.

Je finis par votre bon et brave doyen, par l'excellent père Butoud, qui donne, aujourd'hui, par sa fermeté dans le malheur, la preuve d'un courage au moins aussi grand que celui qu'il fallait à Austerlitz ou à Moscou. Il a eu le courage du jeune homme, et il a celui de l'homme. Si les hommes s'embrassaient, je te dirais bien de l'embrasser pour moi ; mais j'aime mieux demander à Lepage s'il trouverait un inconvénient à ce que Mme Lepage s'acquittât de cette commission. S'il n'en voit pas, je compte sur la bonté de sa gentille femme, et j'espère qu'elle me fera le plaisir d'embrasser pour moi le brave père Butoud, qui ne s'y refusera certainement pas.

Adieu, mon vieux, sois tranquille. Tu sauras ce que je deviendrai en sortant d'ici ; et je ne crains pas de disposer trop légèrement de l'avenir en vous disant à tous :

A revoir !

P. E.

CLVI^e LETTRE

A Mme PETIT

Ménilmontant, 5 août 1833.

Avant de propager notre foi sous la forme nouvelle que Dieu m'inspire aujourd'hui, j'ai besoin, bonne mère, de dire avec vous quelques mots de notre Alexis. Bientôt sans doute je serai hors de France, mais je ne sais plus faire ce que j'ai fait et dû faire autrefois, briser les affections les plus intimes pour ne laisser entendre que les affections générales. Sous ce rapport, j'ai donc doublement besoin d'écouter en vous sa mère et son amie. Alexis m'a depuis longtemps parlé d'un espoir qu'il nourrissait dans son âme et pour lequel je manque entièrement de lumières. Il m'a dit bien souvent aussi, dans les moments où son cœur s'ouvrait avec le plus d'abandon : Quitter ma mère ! elle qui m'aime tant ! quel droit ai-je de m'affliger ? Et pourtant son dévouement pour son père est si grand que je le vois habituellement prêt à me suivre partout et toujours. Une seule chose, je crois, pourrait faire cesser toute hésitation et lui donner le calme, soit qu'elle le décidât à me suivre ou à rester ; et cette chose, vous l'avez déjà devinée, c'est la confirmation ou l'abandon de l'espoir d'amour qu'il a formé.

Si Bouffard, avec qui d'ailleurs je désire avoir un long entretien avant mon départ, pouvait venir passer quelques jours avec nous et m'apporter votre avis et le sien sur cette question si délicate, j'en serais heureux.

J'ai reçu le jour même de ma sortie le billet de ma bonne petite Pauline. Elle est la première de mes filles à qui j'aie écrit de ma prison, c'était elle que je devais y entendre la dernière. Remerciez-la et embrassez-la, je vous prie, pour moi.

J'attends avec impatience votre réponse. Nous nous préparons ici à reprendre le monde, comme je m'étais préparé à le quitter ; mais chaque phase de notre vie est marquée par une légère crise de ma santé, et je vous écris souffrant encore. Pour me faire du bien, permettez-vous que je vous embrasse.

P. E.

CLVII[e] LETTRE

A THÉRÈSE

Ménilmontant, 8 août 1833.

Ma chère Thérèse, je vais quitter dans peu la France, je passerai sans doute près de vous, tu en sauras le moment ; il vous sera facile, si vous le désirez, de me dire adieu, à moi et à Holstein.

Je n'ai pas répondu à ta dernière lettre déjà bien ancienne, attendant d'avoir quelque chose de neuf à te dire sur mon sort, et aussi parce que je crois qu'il est temps pour moi de ne plus faire aucun effort direct auprès de ceux qui m'aiment pour qu'ils croient que Dieu m'a vraiment chargé de grandes choses pour le monde, et qu'ils me doivent aussi une affection plus profonde que jamais ; j'attends qu'ils conçoivent autrement, non-seulement l'amitié, mais le *devoir* qui les attache à moi, car ils se sont imposé comme devoir de chercher à m'empêcher d'arriver à ce qu'ils regardent comme ma perte, tandis que je vois, au terme de cette vie qu'ils méconnaissent, le respect, l'amour et la gloire que Dieu m'a promis et me réserve. Ceci n'est pas un reproche, car je le répète, je sais que c'est pour mon bien qu'on a cru devoir agir ainsi, et tu le mériterais d'ailleurs moins que tout autre ; mais je t'ai écrit une fois que le monde sentirait un jour qu'elles ont dû être mes joies, et aussi qu'elles ont dû être mes douleurs ; il faut donc que tu commences à les comprendre ; aussi est-ce une douloureuse attente et non un reproche que je viens d'exprimer.

Je t'écris aussi pour te prier de dire à Louis que je suis toujours débiteur envers Camille de 1,000 francs environ que je lui avais assignés sur les dernières rentrées des ventes de Saint-Paul ; Louis, je ne sais pourquoi, ne les a pas encore fait acquitter ; je tiens pourtant à ce que ma dette envers Camille soit soldée, comme le seront, j'espère, avant mon départ, *toutes* celles que nous avions, malgré notre complète pauvreté. Presse, je te prie, Louis d'en finir. S'il peut plus tard m'en envoyer le solde, il m'obligera très-fort.

J'ai encore voulu t'écrire aujourd'hui, parce que ce jour est grand de souvenir pour moi. C'est l'anniversaire de celui où Arthur est né ; à cette heure même j'étais seul auprès de la mère qui le mettait au monde.

Adieu, ma chère amie, embrasse Eugénie pour moi, quoique j'aie souffert de ton silence opiniâtre ; mais je crois que le moment des grandes réflexions approche pour tous, c'est même une des raisons pour lesquelles je bénis mon absence, qui, je crois, les fera naître.

Et toi aussi, Thérèse, je t'embrasse.

P. E.

CLVIII[e] LETTRE

A J. HENNECART

17 août 1833.

Mon cher Jules, je vais quitter Paris et la France dans peu de jours, et je me suis à peu près fermé jusqu'à mon départ, ne recevant absolument que les personnes qui s'occupent des préparatifs de mon voyage, et qui doivent concourir à l'œuvre que je vais entreprendre. Vous me demandez si affectueusement de lever pour vous la consigne que je ne puis m'y refuser. Venez donc le jour que vous voudrez et à l'heure que vous voudrez.

Je vous fais mon compliment pour votre nouvelle paternité.

Amitiés d'Holstein et de moi.

P. E.

CLIX[e] LETTRE

A J. HENNECART

Ménilmontant, 28 août 1833.

Mon cher Jules, je voulais envoyer la tettre incluse à M. Ardoin par E. Humann, mais il retarde son départ. Je vous prie donc de faire passer ma lettre à votre beau-frère. Vous verrez là ce que je vais faire. Avant de partir je veux vous remercier, mon cher ami, de votre dernière visite, c'est-à-dire en cherchant à ce que mon remerciement soit une instruction.

Rappelez-vous que, lorsque vous m'avez parlé de votre situation actuelle, je vous ait dit qu'elle était douce, sans contredit, en ce moment, mais que je vous engageais à songer à ce qu'elle serait devant la douleur, la maladie, la vieillesse et la mort. — Rappelez-vous encore que, dans un jour douloureux où vous veniez de perdre des espérances de père, où le choléra décimait tout le monde, pauvres et *riches,* vous êtes venu, bien triste et bien souffrant, m'apporter quelques écus pour soulager de pauvres malades, des mères privées de leurs enfants ou de malheureux orphelins. Ce jour-là vous faisiez de graves réflexions sur les *misères* de la vie, sur les douleurs de votre *propre existence.* — Rappelez-vous enfin et relisez, je vous prie, ma lettre sur votre mariage, car je crains que vous n'ayez pris la route tout à fait inverse de celle que je vous indiquais.

Rodrigues, m'avez-vous dit, a ri quand vous lui avez parlé de vos occupations botaniques. Et moi je n'ai pas ri, mais je vous ai engagé à étudier la *géologie* et surtout l'ANTHROPOLOGIE (ce qui comprend l'histoire, la politique et la morale), quand vous m'avez dit votre vie au milieu des *plantes.*

Vous m'avez dit encore que vous vous mettiez en *garde* contre le monde, quant à votre bonheur de famille et quant à votre propriété, et je vous ai répondu qu'ainsi vous nous regardiez *tous* passer en spectateur, plus indifférent aux affaires des hommes que Linnée ne l'était aux espèces et aux genres qu'il observait. Vous ne prenez même de là *science* que dans un but de pure consommation, en amateur, sans ambition de faire tourner vos *études* au profit des *autres,* pour *tuer le temps*. Prise ainsi, la science est une nourriture indigeste, défiez-vous d'elle.

Enfin vous avez rétréci votre cercle d'affections autant que possible, et avez rassemblé sur un très-petit nombre d'êtres très-périssables, très-changeants, toute la tendresse dont votre cœur est capable ; eux seuls vous attachent, du moins eux seuls vous inspireraient et vous commanderaient des *sacrifices* ; c'est bien peu, c'est trop peu, non pour aujourd'hui peut-être, mais pour demain, pour l'éternité.

Tout cela doit vous faire sentir que je vous vois marcher dans une atmosphère qui dessèche plus que le soleil d'Orient ; et j'en suis fâché, et nous nous connaissons depuis trop longtemps pour que je ne vous sache pas bon, aimant et non végétant ; je ne voudrais donc pas que mon demi-silence de l'autre jour vous parût une approbation, et pour ainsi dire un appui dans votre voie.

Mon langage vous paraîtra peut-être dur, mon cher Jules, mais c'est la seule manière dont je crois pouvoir vous être utile. Il me semble que c'est le meilleur souvenir que je puisse vous laisser, quand bien même je serais un peu injuste et exagéré dans l'avertissement que je vous donne. J'espère que, même en le jugeant ainsi, vous me saurez gré de laisser ainsi près de vous en quelque sorte un ange gardien qui vous empêchera de vous abandonner trop facilement à une pente qui mène droit à l'égoïsme pur. La vie vous sourit trop, en ce moment, pour que vous n'ayez pas besoin de voir quelquefois, dans vos méditations, sa figure sévère, qui vous rappelle ceux en qui vous chercheriez la consolation, si tout ce que vous avez aujourd'hui vous manquait, santé, fortune, amour ; qui vous remette en mémoire ceux qui ont besoin du secours des heureux du moment.

Combien d'hommes, par exemple, ont besoin, comme vous peut-être, de cultiver la science et *ne le peuvent*. Peut-être un Cuvier naîtrait-il, si vous l'aidiez de toutes les démarches et les dépenses que vous faites pour apprendre, très-imparfaitement et comme passe-temps, la Flore des environs de Paris ; et, soyez-en sûr, le bonheur que vous auriez à avoir découvert, cultivé, arrosé une pareille plante, serait plus grand encore que celui de Rousseau devant une pervenche.

Aimez et soutenez ceux que vous croyez plus

utiles que vous au bonheur de tous, c'est la meilleure manière de combattre l'égoïsme.

Adieu, au revoir.

P. E.

CLX^e LETTRE

A A. B....

Août 1833.

Mon cher Achille, je pense qu'avec les hommes qui te remettront cette lettre, il te sera agréable de parler de ta plus vieille amitié. — Je t'écris pour que tu saches mon départ de France et pour que tu m'aides à l'effectuer, car je compte toujours sur toi. Je te demande de consacrer à tes vieux souvenirs une partie de ton présent, car si tu regardes ceci comme un *sacrifice,* je m'en réjouirai pour toi et pour moi. Pour moi, parce que cela me prouvera que tu m'aimes toujours ; pour toi, parce qu'il est rare aujourd'hui de sacrifier quelque chose à ses affections de cœur et que pourtant cela est bon et beau.

Je crois, d'après ce que je dis à Ribes de la prochaine disparition de France de tous les hommes qui y professent publiquement notre foi et qui la propagent par notre *costume,* je crois, dis-je, que tu ne verras pas d'inconvénient personnel à favoriser une chose qui, dans la position où tu es, doit te paraître favorable à la tranquillité publique et qui d'ailleurs obligera,

Ton ami.

P. E.

Je crois devoir cette lettre à notre vieille amitié, quoique tu n'aies pas répondu à celle que je t'écrivais à une époque douloureuse pour toi ; mais je ne veux pas quitter la France sans être bien certain de ce que je suis encore pour ceux qui m'aimaient autrefois.

Je partirai probablement de Paris le 28, jour de la fête de ma mère et d'Auguste, et anniversaire de ma condamnation à une année de prison.

Si, comme je l'espère, tu me fais une réponse, adresse-la, je te prie, à Ménilmontant à Holstein, je pourrais être parti avant son arrivée.

P. E.

CLXI^E LETTRE

A A. B....

A bord d'*El-Principe-Hereditario*,

Marseille, 22 septembre 1833.

Mon cher Achille, je pars sans avoir de réponse de toi à la lettre que je t'ai écrite il y a plus d'un mois ; j'apprends seulement que tu as cru devoir en parler à Saint-Cyr. Ton silence et les confidences que tu as cru pouvoir faire de la demande *intime* que je t'ai adressée, me causent quelque peine ; mais j'avais eu la volonté de m'y exposer. D'ailleurs je conçois que tu aies pris du temps pour réfléchir et que tu aies désiré l'avis de quelqu'un qui m'aime. Cependant, un mot d'adieu, provisoirement, m'aurait été agréable, et tu ne dois pas être étonné que je m'attende à quelque chose d'agréable de ta part.

Pour que les choses ne se soient pas passées comme je le désirais, il faut que tu aies considéré comme un devoir, toi aussi, de m'infliger une espèce de punition pour ma conduite depuis quelques années, et pour cela je ne t'en veux pas; toutefois, je désire que cela soit pour toi l'occasion de te rendre compte de ta justice et de reviser tes arrêts.

Si j'avais voulu, autrefois, faire une vaste entreprise pour laquelle un assez grand nombre d'hommes jeunes, dévoués, instruits, m'auraient été nécessaires, tu m'aurais donné le conseil de chercher une bonne somme d'argent, pour solder ces hommes et acheter leurs services. J'ai pris une autre route, j'ai cherché des *hommes*. Le fait est qu'il existe aujourd'hui un assez bon nombre de jeunes hommes instruits, enthousiastes, ardents, dont la volonté est vigoureuse, qui sont passés à l'épreuve du travail, de la misère et, qui pis est, à celle des insultes des sots et des grossières insultes des ignorants, la plupart, ingénieurs ou médecins, qui ont, pour celui qu'ils nomment le père, une confiance, un dévouement que le monde considère comme un véritable *fanatisme.*

C'est qu'en effet j'ai cru qu'on ne pouvait rien faire de grand, sans être, avant tout, aimé et admiré de ceux qui doivent vous aider.

Pour obtenir ce résultat, j'ai pris une voie extraordinaire, cela est vrai, tu ne l'as pas comprise, il n'y a rien là d'étonnant ; mais le résultat est, sans contredit, atteint, tu ne saurais en douter.

Il est encore vrai que cette marche étrange, en raison même de l'affection et du dévouement qu'elle inspirait à quelques-uns, a soulevé les dédains et les mépris de plusieurs, elle m'a fait accuser d'escroquerie, moi qui me ruinais pour nos dépenses communes, et je me suis vu condamner pour immoralité, moi célibataire ! Mais vraiment ces accusations et ces condamnations seront presque des plaisanteries un jour, et, Dieu merci, il est peu d'hommes éclairés aujourd'hui qui pensent que je méritais les unes et les autres.

Si la justice sociale s'est aussi grossièrement trompée avec moi, réfléchis, mon cher ami, à ta propre justice.

De quoi m'accuses-tu ? Sans doute d'avoir

voulu troubler l'Etat, quand presque tous les hommes que j'ai rendus saint-simoniens seraient encore, sans moi, républicains ardents, chauds révolutionnaires. D'avoir bouleversé la morale? Quand ces mêmes hommes vivaient autrefois, comme nous vivions l'un et l'autre, et comme tu vis peut-être encore, avec la femme du *voisin* ou les filles du *public!* D'avoir porté un costume? Eh! si tous les *conspirateurs* et les hommes *immoraux* voulaient porter des costumes avec leur nom sur la poitrine, combien la police serait facile! De croire en Dieu? Oh mon Dieu; si je n'y croyais pas, je répondrais autrement à ton constant silence.

Mon cher Achille, quelque légitimes que te paraissent les motifs pour lesquels tu me tiens rigueur, notre ancienne amitié devait te commander au moins de me faire une réponse; tu ne l'as pas fait; et cela seul doit te faire douter de la légitimité du blâme que tu crois avoir à jetter sur moi.

En ce moment où l'œuvre que je vais entreprendre est vue avec intérêt par le gouvernement, où nous recevons des autorités et en général de tout le monde, les égards et les vœux que nous avons droit d'attendre, où l'opinion publique commence à ne plus rire et à ne plus s'irriter de ce qu'elle n'a pas compris, de ce qu'elle a blâmé en nous, pour confesser un peu les qualités qu'elle n'a jamais pu nous contester ; à l'heure où ceux qui m'aiment doivent éprouver un peu de sollicitude et de douleur de mon départ de France, toi, préfet, homme éclairé et mon plus vieux camarade, tu m'as refusé la main, et le denier d'adieu, et même un souhait ?

Je te le répète, je ne t'en veux pas, mais je dois te faire réfléchir sur cet acte plus extraordinaire que tout ce que tu peux appeler nos folies.

Cette nuit même, je pars. Adieu !

P. E.

CLXII[e] LETTRE

A FOURNEL

Alexandrie, octobre 1833.

Demain, mon cher Henry, je désire voir le grand navire et l'arsenal, peut-être aussi un grand magasin du Pacha.

Barrault doit me faire dire aujourd'hui l'heure à laquelle le capitaine aimera le mieux recevoir notre visite ; selon cette heure, ce sera notre première ou notre dernière visite.

Je serai accompagné dans ma course à l'arsenal de toi et de Barrault, de Lambert, Holstein, Ollivier, Duguet et Petit et de plus de notre brave capitaine Vianelli, et, je pense, aussi du lieutenant Daussier en uniforme.

Le rendez-vous sera à notre bord, à l'heure que je fixerai ce soir. Tous s'y rendront.

Le reste des hommes de Barrault viendra avec moi au bâtiment de guerre.

Nous dînerons tous à notre bord au retour de

ces courses ; s'il était trop tôt, nous ferions une petite promenade aux bâtiments du palais.

Selon ta visite à Mimault, dont je désire savoir ce soir le résultat, j'irai le voir lundi ou demain même, en me détachant un moment, avec toi et Holstein, de notre escorte.

Je fais passer un double de ce billet à Barrault, afin que tout marche d'ensemble.

A ce soir, en personne ou par lettre fais-moi savoir ce que je te demande.

La main à Lambert.

P. E.

CLXIII[e] LETTRE

A BARRAULT

Du Vieux-Caire, novembre 1833.

Mon cher Barrault, les hommes que tu avais envoyés au Caire ont bien rempli leur mission; l'accueil qui nous a été fait à tous en est la preuve, et je désire faire remonter vers toi la satisfaction que j'en éprouve.

Notre voyage est très-lent, je ne redoutais point cette lenteur; nous avons été dépassés par la petite troupe de campagnons, ils étaient tous casés avant mon arrivée, ce qui me fit plaisir.

Tous sont en bonne santé.

La pierre vivante sur laquelle j'ai posé le pied ici, l'homme qui m'a donné la main d'hospitalité, le général, ne sera pas seulement un brave du vieux monde, il aborde franchement le monde nouveau, il y veut sa place.

Je n'ai rien à te dire de mes projets, mais je te dois quelques mots sur la communication que tu m'as faite avant ton départ; j'ai voulu prendre le temps de la réflexion pour y répondre. Ollivier d'ailleurs m'a peut-être imparfaitement rendu quelques-unes de tes pensées, dont nous ne nous étions pas entretenus, mais que tu lui avais paru désirer m'être communiquées; je tiens à te dire comment je les ai senties.

Tu lui as parlé d'une série de prophéties d'appel à la MÈRE (je dis à la MÈRE et non à la FEMME) dont le compagnonnage formé par toi à Lyon, et dissous par toi à Alexandrie, serait le premier terme.

Le prophète force l'humanité à passer par la voie que Dieu révèle à ses voyants ; et pour cela Dieu inspire au prophète une foi *invariable* dans sa propre parole, si bien que l'événement seul peut faire *changer* le texte de la prophétie.

C'est à cette condition que le prophète inspire sa foi et qu'il contraint le fait à prendre la forme dite.

Tout ce qui dans ta première prophétie sur la venue de la MÈRE ne s'accomplirait pas dans le *temps* annoncé ou dans le *lieu* désigné, me paraît donc susceptible de *changement ;* mais, jusqu'à ce que tout le *temps* soit écoulé, ou jusqu'à ce que l'événement se soit passé dans UN AUTRE *lieu* que le *lieu* désigné, le moindre *changement* à la prophétie me paraît une erreur, une faute.

C'est dans ce sens seulement, que je conçois des prophéties *successives*.

Un autre que toi pourra dire que la MÈRE paraîtra en Amérique, ou la mère en chrétienne, mahométane, fille de Brahma ou de Boudha. Mais TU as dit qu'ELLE paraîtrait à Constantinople et qu'ELLE était juive, rien au monde ne me paraît pouvoir te faire croire qu'ELLE n'est pas en ce moment même à Constantinople, et qu'ELLE n'est pas juive. Que si tu changeais de foi sous ce rapport, ce serait te dépouiller toi-même de la robe de prophète.

Je crois donc avoir mal compris Ollivier, ou que tu as été mal compris par lui, car je suppose que ta pensée est en harmonie complète avec ce que je viens de te dire : s'il en était autrement, j'appelle ton attention sur ce sujet.

A moi, tu as parlé d'une œuvre industrielle, dans le dernier des mondes connus. Mes premières réflexions ont eu pour but de me faire saisir le lien qui existait entre cette œuvre et celle que tu as accomplie cette année pendant ma prison; je ne l'ai pas pu.

Tu sais que, sans avoir cherché à te donner une mission, maintenant que la liberté m'est rendue, je t'ai cependant plusieurs fois indiqué, dans mes premières conversations à Alexandrie, que je croyais, quelle que fût la destinée que tu te sentirais aujourd'hui, quelle devait se rattacher très-visiblement à l'œuvre que je ferai ; cela je le pensais par amour pour tous et aussi par amour pour toi.

Je conçois, mais pour plus tard, plusieurs œuvres industrielles se faisant sous l'inspiration de la foi que j'ai donnée au monde dans l'égalité de l'homme et de la femme, aujourd'hui je ne *les* conçois pas.

Tu as pensé devoir faire un premier appel en France à des hommes de science et d'industrie; or c'est précisément l'appel que j'ai annoncé devoir prochainement se faire et que Hoart et Bruneau, Massol et Rogé et bien d'autres, dans les journaux, préparent.

Je ne sens pas ces deux appels simultanés, pour des œuvres semblables. Je ne les conçois qu'autant que je ferais un appel, pour Fournel à Suez, pour toi dans l'Océanie, et pour Michel à Panama; mais nous n'y sommes pas encore, quoique le rêve industriel de ma vie, quoique ce soient là les stations de mon voyage sur le globe, que Saint-Simon nous a donné à exploiter.

A toi, l'Océanie; certes, Dieu le veut, il t'a fait naître dans l'île de France, il t'a fait rêver dans toute ta jeunesse des terres nouvelles, des peuples à civiliser, un engendrement complet de la brutalité à une grande et noble vie.

Il y a trois ans nous commencions le *Globe;* une année après nous faisions l'appel à la *femme,* et Bazard nous quittait; l'année dernière le PÈRE se préparait à la prison, et envoyait ses enfants par le monde ; notre vie va vite, je suis au Caire aujourd'hui, et j'espère bien que, l'année prochaine, à semblable époque, nous aurons parcouru, dans l'espace, une étendue au moins égale à celle qu'en 1830 nos travaux théoriques nous ont fait visiter dans le temps ; j'espère que nous serons en position de *pratiquer nos théories* INDUSTRIELLES. Mais ne précipitons rien cependant ; marchons vers l'Océanie et Panama par le plus court et aussi par le meilleur chemin possible ; les deux derniers seront en jeu lorsque le premier sera fait ; préparons-les toutefois ; mais préparons-les avec mesure et calcul. Ainsi Michel sera bientôt à son poste, et il y sera sous une forme convenable. Sous quelle forme dois-tu gagner le tien ? C'est là que je commence à ne pas bien sentir tes projets.

Tu as jetté un regard en arrière sur la France, et tu songes à y prendre un point d'appui : je crois que tu as tort et que tu perdras ainsi un temps précieux, sans que l'Occident te renvoie une seule inspiration, un seul secours. Je te l'ai déjà dit. Méhemet ne s'empare pas en ce moment de l'embouchure de la mer Rouge, de Moka, de l'Hyémen, pour rien. Il n'y a qu'un pas de Moka à l'île de France, ou de Moka dans l'Inde, soit que le vent souffle du Nord ou de l'Ouest ; c'est par là que l'inspiration se trouve ; l'apôtre la rencontre en marchant sur sa route et non derrière lui ; ton but, c'est l'Océanie, marche donc.

J'ai dit tout ce que j'avais à te dire.

Pendant ma longue course sur le Nil, mes pensées ont été le plus souvent à toi, cher fils ; j'ai senti que je ne t'avais pas donné à Alexandrie tous les témoignages d'affection que ta grande et belle mission de cette année te donnait le droit d'attendre de moi ; car nous nous séparions sans que je comprisse bien ta vie ACTUELLE, moi qui étais si pénétré de la grandeur de ta vie passée et des richesses de ton avenir ; mais j'espère que tu as su t'expliquer l'apparente froideur du PÈRE. J'étais mal sur ce navire, j'étais encore en prison ; j'avais toujours par la mer l'air pesant d'Occident sur ma tête ; je n'avais pas franchi la barrière d'Orient, je n'avais pas vu son fleuve miraculeux, ses hommes si beaux et si forts, sa terre si fertile, et, aujourd'hui encore, je n'ai pas respiré ses parfums, je n'ai pas vu ses femmes. Je voudrais, en moi, surtout pour toi, plus de tendresse ; mais je n'ai sous les yeux que ces immenses pyramides qui forcent le cœur à se dresser, à se grandir, et ne donnent pas l'épanchement que le mien désire.

Adieu, écris-moi, fais mieux peut-être, car je crois que je te verrai sinon au Caire, peut-être au désert.

La main à Maréchal. Que Charpin t'aime encore un peu plus par amour pour moi. Je les aime tous deux pour la belle place qu'ils occupent.

P. E.

CLXIV^e LETTRE

A ARLÈS, A LYON

Le Caire, 17 mars 1834.

Mon cher Arlès, j'ai reçu par Vincent les 600 francs que vous m'avez envoyés ; ils arrivaient à temps.

Vous verrez bientôt Holstein, Fournel, Duguet ; tous trois vous parleront de notre situation actuelle, chacun à sa manière. Le langage de Duguet et celui d'Holstein se ressembleront, celui de Fournel sera peut-être tout à fait différent (vous savez qu'il y a deux natures).

Je ne peux aujourd'hui vous donner les détails qu'ils vous porteront. Sachez que, pour moi, je suis aussi content que je suis bien portant, ce qui veut dire très-bien des deux côtés.

Les choses marchent comme je pouvais le désirer, mon pied est sur bon sol et ma tête en bon air.

Holstein s'en va en France, près de ceux qui m'aiment, sentant que sa mission est de me laisser, pour le moment; et son départ, malgré la peine qu'il nous a causée à lui et à nous tous, nous a donné à tous la joie d'un devoir accompli.

Duguet est chargé par moi d'une grande mission qu'il vous fera connaître.

Fournel a refusé une place d'ingénieur avec 10 à 12,000 francs d'appointements, et de pouvoir se mêler de tous les travaux d'Égypte; il vous expliquera les motifs de ce refus. Duguet vous dira aussi comment je l'explique; Holstein également, car tous deux adoptent mon explication.

Quand vous aurez vu Duguet, je serai bien

aise que vous teniez Michel au courant de tout ce que vous aurez appris, si vous êtes en correspondance avec lui.

Dites à Decaen que deux hommes de Carpentras sont venus offrir au pacha de lui faire de la faïence et qu'ils ont été on ne peut mieux accueillis. Le pacha leur fait monter leur fabrique et des commandes considérables leur sont déjà données. Je lui ferai savoir quelle tournure prend cette affaire.

Je suis tantôt sous la tente, tantôt sur une barque naviguant sur le Nil, tantôt chez le général Soliman-Bey ou le général Hattein-Bey, et dans peu de jours fixé plus positivement aux lieux où le pacha a ordonné un immense travail (un barrage du Nil), campé au milieu des travailleurs, et près d'une école polytechnique en herbe qui pousse sous notre souffle.

Je vous le répète, tout va bien, vous verrez par Duguet l'appel que j'avais promis de faire à cette époque, et les limites dans lesquelles je le renferme pour le moment. Mais je crois bien que peu après le départ de Duguet, sinon avant, j'aurai à étendre ces limites.

Le retour de Fournel, d'après ce que vous savez et espérez de notre vie et surtout de la mienne, sera très-vite compris par vous, j'en suis sûr, dans ses heureuses conséquences.

Tous ici se portent bien; je n'ai que Lambert auprès de moi en ce moment, les autres sont logés en ville, et *chez eux,* chacun à sa place.

Les 600 francs serviront probablement en grande partie au voyage de Duguet, car nous vivons ici assez miraculeusement; vous avez pu en juger, vous qui savez ce que nous avons emporté et ce qu'on nous a envoyé.

Je vous serre la main à vous et à Decaen, bien fort. Adieu.

P. E.

CLXV^e LETTRE

A HOLSTEIN

Le Caire, 17 mars 1832.

Mon vieux, voici mon appel promis aux capitaines, il te fera juger de la position. Je te recommande de ne livrer copie de cette lettre à personne, et de n'en donner communication qu'avec grande discrétion. Tout va bien, très-bien, tu te retrouveras en France, avec Duguet, dans un bon moment, et ta présence y sera très-bonne en même temps que celle de Fournel. Tu pourras donner un bon coup d'épaule à Duguet pour sa mission. — Quand tu seras à Paris, je te prie aussi d'aider Duguet à mettre en ordre, aux archives, les pièces que toi et Fournel rapportez en France. — Hattein-Bey a présenté très-bien au pacha notre position de volontaires, en se servant du mot d'hôte (*missafir*), et cette forme a souri au pacha, surtout quand Hattein-Bey a dit que mon intention était d'appeler près de moi d'autres ingénieurs français au même titre. Le pacha a donné l'ordre de nous traiter en *missafir,* et Hattein-Bey s'occupe de réaliser cet ordre. — Nous aurons donc la tente, la table et les instruments : voilà tout ce que je voulais assurer à la troupe que j'appelle. Surtout qu'aucun regret de la position que tu as prise ne vienne t'affliger ; il faut que je sois autre chose que *missafir,* pour que nous nous revoyons pour tous et pour nous-mêmes : d'ailleurs, je te le répète, ta présence en France me paraît excellente, au moment où Fournel et Duguet y seront, et meilleure encore lorsque la petite troupe sera partie, car alors tu seras seul homme représentant le PÈRE en France.

Le pauvre Goin est mort ici de la petite vérole. Fournel doit partir après-demain. Ollivier, Petit, Duguet, Urbain, Lambert, qui est près de moi, se portent bien. Je les ai vus tous, excepté Petit que je verrai dès que Fournel sera parti, et qui pourrait bien aussi retourner en France, s'il veut écouter le conseil que je lui en donnerai. Je l'y verrai, sous tous les rapports, avec grand plaisir, en ce moment.—Adieu, mon vieux, embrasse Auguste pour moi, et fais mes compliments affectueux à sa bonne femme. A toi, la main que je n'ai pas serrée, quand tu m'as quitté. Adieu.

P. E.

CLXVIe LETTRE

A HOART ET A BRUNEAU

Vieux-Caire, 19 mars 1834.

Capitaines, j'ai reçu hier votre troisième lettre, et elle m'a réjoui ; à distance nous sentons bien la même vie ; vous êtes prêts quand je vous appelle.

Depuis ma lettre du 16, j'ai donné l'ordre à Petit de partir avec Duguet ; selon tout espoir ils seront en France, même avant Cécile et Fournel, et passeront peut-être par l'Italie.

Duguet et Petit sont ceux qui ont eu le plus de relations intimes avec ceux qui nous aiment ; leur concours abrégera le voyage, je charge d'ailleurs spécialement Petit de s'occuper, principalement, avec Bruneau, de l'ordre matériel et financier de toute la troupe. Je désire également qu'il voie quelques artistes, et les décide, lui qui a vu et broyé les chaudes couleurs de ce pays, et qui a dessiné quelques-unes de ses belles formes, à venir faire un pèlerinage plus fructueux pour l'art, que les sempiternels voyages de Suisse et d'Italie.

En général, vous tous, vous aurez à déterminer, en dehors de la troupe de *volontaires ingénieurs,* la venue dans ce pays de l'*amateur* transformé, de l'*oisif* religieux, du *consommateur* qui communie, saintement avec l'immensité; et ces hommes seront en dehors de vous, mais à côté de vous; car des compagnons de voyage tels que vous sont une *bonne fortune* pour eux, et eux-mêmes, ainsi que leur fortune, seront une bonne compagnie pour vous.

Je charge particulièrement Petit de mettre l'ordre dans votre bibliothèque et votre matériel d'instruments et de modèles, chose que je recommande aussi très-fortement à vous deux et aux ingénieurs qui viendront avec vous; car, je vous le répète, cette *pacotille* scientifique est d'une haute importance.

Je charge Duguet et Petit de s'entendre avec vous par correspondance dès qu'ils toucheront terre, sur leur voyage de France, et ne leur donne aucune instruction spéciale à cet égard, leur laissant le soin de distribuer leur temps de la manière qu'ils jugeront le plus utile.

Ils vous transmettront la copie de quelques instructions générales que je leur ai données.

J'ai reçu également une lettre de Rogé, et j'ai su que depuis il avait écrit que sa musique de cuivre marchait, encore une fois ; j'espère, avant peu, lui donner l'ordre d'amener ses hommes en même temps que vous ; il ne me parle pas de Massol.

David s'occupe de faire des airs arabes pour la musique de cuivre, je les ferai envoyer dès qu'il y en aura d'achevés, afin que Rogé les fasse apprendre.

Abric a fait de jolis portraits, dont vous verrez des échantillons ; mais il n'a pas encore fait le buste du pacha, les choses sont pourtant préparées de manière que cela ne peut manquer.

Toché a fait des démarches pour être employé à une œuvre agricole ; son affaire paraît en bon train ; Ollivier s'en occupe aussi, mais en *volontaire,* tandis que Toché demande un emploi et des appointements.

Urbain écrit ; sa tête travaille beaucoup ; comme à David la venue de la Mère et des femmes sera bien douce chose.

Quant à Lami et Cognat, j'ai peu de choses à vous en dire. Reboul est dans une grande propriété, il est chargé d'en surveiller l'exploitation, il y gagnera, j'espère, la connaissance de l'ouvrier arabe et pourra être utile plus tard.

Collin étudie et écrit, il a fait une continuation de l'*Histoire d'Égypte,* de Mangin, avec et pour ledit Mangin, qui l'a mis en possession de matériaux qui lui seront utiles.

Je ne sais ce que fait Granal, mais, je crois, peu de choses.

Capitaines, dites à la bonne et énergique Marie, que son zèle dévoué nous va bien au cœur; nous l'embrassons, moi et Lambert.

P. E.

NOTE

LUE A LINANT, AU BARRAGE

19 mars 1834.

Les travaux réels de construction ne commenceront qu'à la campagne prochaine.

Toute celle-ci sera employée à la *préparation,*

Savoir : — plans et nivellement, apport de matériaux, établissement des chantiers, magasins et ateliers, construction des instruments de travail et des chemins de transport.

Préparation de quelques compagnies modèles de terrassiers, et faire établir, le plus promptement possible et pour un nombre assez considérable d'élèves, l'école polytechnique dont le noyau est déjà ici, et, qui dans un an, sera une pépinière productive, et un magasin d'instruments de travail.

Faire venir de France quatre ingénieurs praticiens, anciens élèves de l'École, accompagnés de huit piqueurs habiles.

Tous venant comme *volontaires* se placer sous les ordres de Linant et n'ayant de relation de service qu'avec lui, comme Lambert les a eues. — On obtiendra seulement pour eux un titre quelconque pour leur donner autorité suffisante sur les ouvriers ; la question des appointements est inutile à examiner ; ceux qu'on allouera suffiront toujours.

Ces ingénieurs seront absolument ce qu'ont été souvent dans la guerre des officiers étrangers s'engageant comme volontaires dans une armée en campagne.

Ces ingénieurs formeront, par le fait, le conseil de Linant, mais conseil *privé, sans relations officielles.*

D'ici là, Lambert s'occupera activement près d'Adhem-Bey et ici de la formation de l'école polytechnique.

P. E.

CLXVII^e LETTRE

A DUGUET

Vieux-Caire, 19 mars 1834.

Tu m'as fait, ce matin, une question relative à Machereau, à laquelle j'ai répondu trop légèrement, ne pensant pas qu'elle eût la portée qu'il serait possible que tu lui donnasses, et je suis bien aise d'y répondre par écrit, parce que ma réponse te servira de règle pour tous les cas analogues.

Tu m'as demandé : Puis-je dire à Machereau le but de mon voyage? J'ai répondu : Oui; et je le répète : Oui, mais il y a, entre dire le but de son voyage à Hoart, ou le dire à Machereau, une échelle à mille échelons, et ce sont ces échelons que je te demande, en général, de *numéroter,* de manière à ce que chacun ait sur *le but de votre voyage* la notion qui lui suffit. — Ma réponse de ce matin voulait dire qu'une fois à Alexandrie, tu n'avais à faire mystère à personne du motif de votre voyage, tandis qu'il est encore inutile d'en parler ici, sinon à Linant, à Hattein-Bey. Ici vous avez à dire : *j'ai mission du Père;* et voilà tout. Plus loin, vous aurez à dire : *je vais chercher des hommes,* et encore, inutile de le dire à tous. Enfin, en France, vous direz *quels hommes;* et encore, inutile de dire *quels hommes* à tous.

Ceci est une instruction que je te recommande.

P. E

CLXVIII^e LETTRE

A FOURNEL

Vieux-Caire, 3 avril 1834.

Avant ton départ, mon cher Fournel, ne prévoyant en aucune façon que vous viendriez, Cécile et toi, passer encore plusieurs jours sous le même toit que moi, j'avais désiré avoir avec toi un dernier entretien, et, afin d'en déterminer l'esprit, je t'avais fait dire par Lambert qu'il n'y serait pas question du *passé,* mais seulement de l'*avenir*. Je vais te rappeler les résultats principaux de cet entretien, c'est-à-dire les choses sur lesquelles nous sommes tombés d'accord.

Nous sommes convenus, toi et moi, que le barrage du Nil, dont les préparatifs de construction sont commencés, était, en ce moment, l'œuvre industrielle qui, dans le monde entier, offrirait le plus *grand atelier,* la plus nombreuse armée de travailleurs, et, selon toute apparence, l'exécution la plus *rapide* sinon la plus *régulière ;*

Que cet atelier, *par conséquent,* était le meilleur *lieu* d'initiation, non pas à la *science* industrielle, mais à la conduite de grandes *masses* de travailleurs ; non pas pour former un Riquet ou un Navier, mais pour l'éducation d'un Napoléon de l'industrie ;

Que ce serait un grand service rendu à cette œuvre, à l'Égypte et à l'humanité d'appeler des ingénieurs instruits d'Europe à venir joindre leur *science* à l'*activité* des Arabes, et que ces ingénieurs trouveraient certainement en Égypte, d'après ce qui venait de se passer pour toi, une existence honorablement rétribuée ;

Qu'enfin, indépendamment même du lien que *je* pouvais établir, *moi,* entre cette œuvre égyptienne et la communication des deux mers, c'était un devoir religieux pour nous tous, apôtres de la science et de l'industrie, d'employer notre influence plutôt à faire *bien* exécuter l'œuvre du barrage, qu'à la *critiquer* simplement, plutôt à l'*aider* qu'à la *contrarier.*

Quand bien même il n'y aurait pas eu et il n'y aurait pas aujourd'hui accord parfait entre nous sur les deux premiers paragraphes, je suis certain que nous pensions et que nous pensons absolument de même sur les deux derniers, et surtout principalement sur le dernier.

C'était ce résultat d'*avenir* que j'espérais obtenir de notre entretien. Je crus t'avoir ainsi *suffisamment* instruit, pour le moment, de ce que je me proposais de faire, me réservant de t'en instruire plus positivement, à mesure que tu t'éloignerais de l'Égypte. J'avais même eu l'intention de te remettre une lettre cachetée, avec demande de ne la lire qu'en France, mais j'ai pensé que le lazaret me donnerait le temps de t'écrire, et votre séjour au Vieux-Caire me confirma dans cette pensée. En un mot, je crus *inutile* que tu t'occupasses en Égypte de ce que j'y devais ou voulais faire dans des termes plus précis que ceux qui t'étaient fournis par notre dernier entretien. C'est même dans ce but que j'ai évité, pendant ton séjour chez Soliman-Bey, de reprendre notre conversation qui me semblait terminée, et enfin cette conversation sur l'*avenir* me semblait suffisamment claire, pour qu'en voyant partir Duguet et Petit, tu fusses parfaitement instruit de ce qu'ils allaient faire, puisque leur voyage n'a d'autre but que de *réaliser* ce que nous avons *dit*, moi et toi.

Ils vont en effet chercher en France les secours

en hommes nécessaires pour que l'œuvre du barrage se fasse le *mieux possible,* avec les éléments que fournit l'Égypte ; et le silence que tu pensais que j'avais gardé à ton égard sur le but de leur mission, ne pourra pas être, comme tu le dis, la *source de mille inconvénients,* puisque j'avais eu soin de prendre *ton avis* sur une mission de ce genre, avant de la donner.

Ta lettre ne me laisse rien à ajouter sur le passé ; elle complète en effet ma lettre à Suez, et je suis bien aise que tu l'aies écrite. — Mais aujourd'hui, plus encore que le jour de notre entretien, puisque tu as donné satisfaction à ton désir de réfuter les termes de ma lettre, je te prie de n'avoir en vue que l'*avenir,* quant à nos relations de toi à moi.

Or, l'avenir pour moi, je te le répète, est, puisque je suis en Égypte, de faire faire, *le mieux possible,* l'œuvre que va faire l'Égypte, sauf à *lui* en faire faire une autre plus tard, ce que je crois inutile de débattre avec toi, ni avec qui que ce soit, quant à la *possibilité.* Elle la fera, si Dieu le veut ; elle la fera par nous, si Dieu nous donne la force de la lui faire faire ; quant à moi, je n'en doute pas, mais permis à toi et à tous d'en douter.

Petit et Duguet vont donc chercher des ingénieurs et piqueurs capables d'aider Linant, et tu sens que plus tu es convaincu de l'impuissance des ingénieurs arabes à bien faire un travail qui intéresse vivement le sort de tout un peuple, plus tu *dois* contribuer à faire arriver ce filet de la science et de l'habileté européenne, dans les eaux du Nil. Quoi que tu fasses, quoi que tu dises, je suis bien sûr que ta participation, pour amener ce filet de science, sera grande.

Je serai, ainsi que les hommes qui viendront se joindre à moi, *volontaire* dans cette *campagne industrielle;* c'est une chose convenue avec le pacha qui nous fournira la *tente,* la *ration* et les *armes*.

Tu emportes en France la *conviction que la réalisation de notre foi est bien plus éloignée que tu ne l'avais cru d'abord,* et dans ta lettre à Lambert tu mets en doute si l'*avenir attachera aux événements de notre vie, l'importance que nous y attachons aujourd'hui;* j'accepte parfaitement *en toi* ces sentiments, et je te prie de regarder ma participation à l'œuvre du barrage comme un fait industriel *ordinaire,* auquel ne se rattache que de *très-loin* la rénovation humaine que nous annonçons depuis et par Saint-Simon.

Dans ces termes, qui ne blessent en rien ta foi en une réalisation *éloignée,* je te demande de rassurer les ingénieurs français qui pourraient avoir hésité de venir en Égypte, sur la difficulté d'y trouver une existence; tu le peux facilement, te citant comme exemple, toi saint simonien, sans recommandation consulaire, inconnu de tous, et à qui on à offert d'emblée 10,000 francs d'appointements. Je te demande aussi de dire ce que tu penses de la puissance d'*exécution* du peuple arabe, quoique tu n'aies vu que le Mamoudich, parmi tous les travaux de l'Égypte moderne.

Je suis bien convaincu de la joie que tu éprouverais le jour où tu verrais que tes prévisions sur la lente propagation de notre foi étaient l'expression d'un moment d'erreur de ta vie; et je sens très-bien qu'un homme de ta nature ne doit appeler *réalisation* de notre foi, en morale, que la venue de la mère, en industrie, que l'organisation politique d'un peuple au moins, en science, que l'apparition d'un système complet de philosophie, d'un dogme; aussi je te demande de considérer ce que je fais aujourd'hui simplement comme tu considères un des feuillets détachés du grand *livre* dont Saint-Simon nous a laissé le commencement, que nous avons continué Bazard, Eugène et moi par dessus tous et qui s'est terminé par la parole du 8 avril. Je commence ma vie industrielle au barrage du Nil, c'est ma *lettre de Genève*. Que des siècles nous séparent de ce point-ci jusqu'au jour de la réalisation industrielle, comme quarante ans nous séparent de la petite brochure de Saint-Simon, ce ne peut être une question entre nous; aide-moi seulement à faire ma brochure comme tu voudrais avoir aidé Saint-Simon à faire la sienne; il est important pour toi comme pour tous, qu'elle soit aussi peu incomplète que possible.

Je désire que cette lettre te fasse penser que, moi-même, j'ai réduit, pour le moment, ma vie aux proportions d'une pratique ordinaire, prêt à attendre, si Dieu le veut, des siècles encore, la venue de sa fille qu'il nous a dit d'annoncer au monde, ne croyant pas à ce long retard, à cette lourde épreuve qu'il infligerait ainsi aux apôtres de ce grand espoir, mais prêt à la subir; glorieux d'avoir été choisi avant tous pour elle, et travaillant jusque-là, avec le peu d'éclat dont il environne son messie mâle, à mêler la chair et l'esprit de ses peuples, à unir l'Orient et l'Occident par un lien provisoire, faible encore, mais meilleur au moins que l'absence de lier ou l'hostilité du passé.

Je pense que ton langage pourra maintenant s'harmoniser facilement avec celui de Duguet et de Petit, et qu'il le pourra d'autant mieux que j'ai mis, entre le moment où tu pourras parler avec eux de leur mission et celui où je la leur ai donnée, l'espace de la mer et la différence des soleils d'Égypte et de France.

Je te charge spécialement de visiter Rodrigues, et de lui porter mon vieux salut d'ami, à Flachat tu donneras la main pour moi.

J'attendrai avec impatience la lettre de Cécile que tu m'annonces et qui me dira votre arrivée. Tous deux vous embrasserez pour moi Mimi, et lui apprendrez à aimer celui qui n'a ni femme, ni enfant près de lui, et vous vous embrasserez l'un et l'autre en souvenir de Lambert.

P. E.

CLXIXᵉ LETTRE

A PETIT ET DUGUET

Vieux Caire, 3 avril 1833.

Voici la copie de la lettre de Fournel que vous connaissez déjà, mes amis, mais dont il est inutile que vous demandiez un exemplaire à Fournel, s'il ne vous en remet pas un lui-même; et une copie de la lettre que je viens de lui répondre. Vous voyez que je ne lui parle pas des instructions écrites que vous avez, c'est que je regarde comme inutile de les lui communiquer, ma lettre suffit.

Vous n'oublierez pas que cette lettre est écrite à *Fournel*, et non à vous ou à tout autre; selon la vieille expression, ce n'est donc pas parole de pape *urbi et orbi*. Quelques idées auraient besoin d'une transformation pour être catholiques, particulièrement celles qui pourraient faire croire que *mon* espoir de réalisation morale, industrielle et scientifique est, comme celui de Fournel, moins ferme et moins prochain qu'autrefois. Plusieurs choses présentées comme *croyances* sont de fortes et pleines *convictions* chez moi, mais inutiles à professer dans leur vigueur devant celui qui ne les partage point.

Vous me demandez l'un et l'autre de préciser différentes choses.

La seule chose que je puisse *préciser* c'est ce qui est relatif au caractère *spécial*, très-*spécial* de votre mission, et cette spécialisation même vous force à dire et faire, pour toutes les autres choses, ce qui sera le mieux, sans que je puisse vous donner, sur ces objets, d'autre direction que mon *indétermination* même.

Donc ce qui est *précis*, c'est que vous allez chercher des ingénieurs et des ouvriers, et parmi eux surtout un homme, des hommes connaissant les travaux hydrauliques.

Vous savez déjà par mes premières instructions ce qui concerne cette mission, et je vous donnerai encore d'autres renseignements qui vous seront nécessaires pour cet objet.

Quant aux femmes, je vous le répète, je ne sens rien à leur *dire*, mais je veux qu'elles nous voyent *faire*, c'est le seul moyen que je conçoive de leur faire l'amour aujourd'hui. Je ne vois donc pas ce que je pourrais répondre à ta lettre, Duguet; et toi Petit, quant à ta phrase terminée par des points, je la rectifie ainsi : je ne t'ai pas dit seulement tu verras la mère d'Arthur; je t'ai dit : tu verras Arthur et sa mère, ou Adèle et Arthur, je ne sais lequel. Remarque bien même que je t'ai dit et que je te répète, tu *verras;* voilà ta mission de moi. Quant à toi, tu diras tout ce que Dieu t'inspirera de bon à dire, cela n'est pas dans la limite de mes prévisions. J'ajoute pourtant pour toi, Duguet, que je ne comprends pas du tout cette phrase : je ferai tout pour qu'elle soit elle-même, parce que cela suppose que tu sais ce qu'elle est et ce qu'elle n'est pas; mais tout ceci est ton affaire car je déclare qu'il n'y a pas une femme au monde dont je puisse dire que je sache ce qu'elle est ou n'est pas, suivante ou princesse, je dirais presque laide ou jolie; je m'atrophie tous les jours, et j'attends qu'on me désensorcelle, qu'on me dénoue l'aiguillette; un célibataire n'a rien à dire sur ces matières, même quand il n'a pas fait vœu de célibat éternel, ou mieux encore, *surtout* lorsqu'il n'a pas fait ce vœu.

Je t'ai dit aussi, Petit, d'ouvrir les yeux pour

une autre affaire, de *voir* ce que c'est – je n'ai rien à ajouter.

Comme la distance qui nous sépare est très-grande, évitons les demandes d'explications détaillées et pointillées sur beaucoup de choses. En voici un exemple qui servira. Duguet demande si les articles à publier dans les journaux doivent ou peuvent indiquer leur véritable origine, si la discrétion recommandée me concerne seulement, ou moi et Lambert, ou nous et vous, si ces articles doivent ressembler à sa lettre à Caroline sur Suez, etc. ; cela n'en finirait pas s'il fallait ponctuer aussi exactement. Mettez-vous le plus possible dans notre position et rapportez-y les actes que vous faites ; concertez-vous ensemble souvent lorsque vous doutez, et dégagez-vous surtout de toute préoccupation qui vous porterait à remettre sur la scène de la publicité française *nos* prétentions APOSTOLIQUES ; ce n'est pas votre affaire ; à d'autres quand il en sera temps, pour vous c'est l'œuvre *industrielle* que vous devez avoir uniquement en vue, c'est sa réussite seule qui doit vous occuper, comme si j'étais l'entrepreneur du barrage, faisant faire des enrôlements d'ingénieurs et d'ouvriers, et m'arrangeant pour les trouver bons, sans que le public sût que c'est pour moi. Mettez donc en avant la grandeur de l'œuvre; celle du peuple qui la fait; du pays où elle se fait; du pacha qui l'ordonne; les avantages Européens qui en résultent; et que le but *moral* de cette prédication industrielle soit de faire aimer l'*Orient* et non pas NOUS par l'*Occident*.

Duguet parle de Cendrier; je ne dirai pas: lui comme un autre, car jusqu'ici j'aimerais certainement mieux lui que d'autres; mais que diable, Chevalier, voulez-vous qu'on vous réponde à cette question? J'ai dit à vous deux (il est vrai avec plus de détails à Petit) qu'il fallait déterminer des artistes à venir, et surtout des architectes. Vous verrez ensuite par vous-mêmes qui voudra, pourra et devra venir; marchez tout seuls, les lisières sont coupées, seulement entendez-vous.

Tu demandes encore ce que tu devras dire à Rodrigues si tu le rencontres; Rodrigues est l'homme avec lequel je crois que tu as le moins à causer; mais est-ce pour cela que tu demandes ce que tu as à lui dire? Petit ne me le demande pas, et je suis à peu près certain qu'il le verra et lui parlera.

En général, toutes les fois que vous pensez être obligés de me demander un conseil, vous pouvez regarder l'objet en délibération comme négligeable ; car je vous le dis encore une dernière fois pour toutes, nous sommes trop loin pour agir par demandes et réponses.

J'ai été très-content de la rapidité de votre course et j'espère qu'il en est de même sur moi, et qu'il en sera de même en France.

Je vous recommande surtout le temps du Lazaret ; pour bien y préparer votre plan de campagne. A propos de cela je n'ai pas été content de la lettre à Hoart et Bruneau, d'autant plus que je crois que des lettres soit de moi, soit de Fournel, soit d'autres, ont annoncé le départ d'Alexis.

Cette lettre ne me paraît pas bonne, et je vais te dire de suite, Duguet, pourquoi elle n'est pas bonne ; c'est qu'elle commence ainsi : *Chers camarades :* aussi ces deux mots sont-ils immédiatement suivis d'une étreinte de mains laborieuses ; *ça n'est pas ça.* Hoart et Bruneau sont toujours les *capitaines,* et n'ont encore été appelés *camarades* que par moi dans la famille, ou par d'anciens élèves de l'école dans le monde. Ils sont tes *anciens* à tous les titres et quoique la valeur n'attende pas le nombre des années, ce vers ne se dit qu'en provoquant en duel. Il en résulte que toute la lettre est une division par deux (toi et eux) d'une fonction *homogène*, ce qui ne serait pas du tout bon, dans l'intérêt de la mission. Certainement Hoart et Bruneau ne vous *ramèneront* pas en amenant la troupe d'ingénieurs, puisque vous êtes messagers, ambassadeurs et non ingénieurs, et vous ne les *amènerez* pas non plus ; vous avez une existence *propre* qu'il faut conserver pour ne pas faire confusion ; votre caractère est surtout celui d'*envoyés* du Père vers ceux qui nous aiment, pour leur dire ce que je fais et ce que je désire ; mais les *recruteurs* proprement dits sont Hoart et Bruneau, les capitaines ; ceci est vrai au point que, si Hoart et Bruneau ne venaient pas il serait difficile de s'expliquer comment malgré tous vos efforts, vous détermineriez d'autres hommes à venir. Rappelez-vous toujours qu'ils sont restés en France et pourquoi ils y sont restés. Une fois sur le sol de France, vous êtes dans leur royaume, et si la qualité d'ambassadeurs fait obtenir, de la part des rois qu'on visite, de grands honneurs, elle ne vous fait pas asseoir sur le trône, quand bien même on serait ambassadeur d'Angleterre ou de Sardaigne, ce qui est loin d'être le cas.

Réfléchissez bien tous deux à ce que je vous dis là ; réparez la petite bosse que la lettre aura probablement faite à la tête, mais non au cœur des deux capitaines, et marchez droit dans la ligne que je viens de vous indiquer. Faites la part de gloire pour chacun, la meilleure manière de l'avoir grande pour soi, est de la faire grande pour les autres.

Une chose capitale à mettre en note pour le retour, c'est que les ingénieurs et ouvriers qui viendront aient, outre leurs états de service bien en règle, des recommandations directes ou indirectes pour des personnes d'ici, le consul surtout, qui les fasse connaître pour leurs œuvres. Au départ, il faudra s'arranger aussi pour que les journaux annoncent avec détails les titres et qualités de chacun, leurs travaux et leur réputation. Alors on pourra dire en quelle qualité ils viennent ici, et j'espère même qu'à cette époque leur venue dans ce pays sera une occasion d'appel d'un plus grand nombre d'hommes.

Écrivez à Hoart que j'ai reçu par Vincent et Fournel les derniers 600 francs qu'il m'a envoyés et qui viennent fort à propos (puisque vous avez pris les 60 talaris) pour faire mon costume sur lequel je ne suis pas entièrement fixé. Toutefois, pour peu que l'argent vous tourmente en France, ne doublez pas votre peine en cherchant à m'en envoyer, je ferai mon possible pour m'en passer quoique je préfère infiniment en recevoir, si possible est. — Digeon a, je crois, remboursé les 300 piastres à Ollivier, ce qui le minera quelque temps, car ils vivent, Urbain et lui, en vrais ermites; je suis allé les voir quelquefois.

Je vous envoie une carte relevée sur celle de la commission d'Égypte, où j'indique les lieux désignés pour les barrages; Duguet connait ces deux places. J'ai tracé aussi le premier projet des ingénieurs arabes, qui avait l'inconvénient d'être trop bas dans le cours du Nil. Mon premier courrier vous enverra les autres notes que je vous ai promises.

Nous n'avons pas encore quitté le vieux Caire, et avons employé ce temps à aider, en ce que nous pouvons, les démarches de Linant, soit pour ses demandes de matériaux pour les travaux, soit pour l'élévation de ses appointements. En même temps, nous avons fait arrêter, au moins par la parole, les conditions de notre volontariat, et nous ne les réaliserons que lorsque l'affaire de Linant sera conclue, pour éviter la confusion; cela ne saurait tarder, tout est en bonne voie.

Je t'ai donné aujourd'hui, mon cher Duguet, quelques coups de sabre, mais tu es meilleur ami, dis-tu, avec ceux à qui tu en donnes; que la réciproque soit vraie.

5 avril.

Le pacha est allé visiter l'école de Thoura et a nommé général le colonel Seguera.

Soliman-Bey qui a maintenant l'inspection de toutes les écoles militaires a l'intention de provoquer la formation d'une commission de l'instruction publique, composée des hommes qui, dans le conseil, ont le plus de lumières, et en même temps le plus d'affinité avec la France, tels que Hattein-Bey, Kiani-Bey, Monktat-Bey, Artin Effendi, le général Seguera et quelques autres (je ne cite pas ce dernier pour son amour des français). J'encourage l'exécution de ce projet.

Voilà les seules nouvelles du pays, Revenons maintenant au barrage.

Le projet du pacha comprend, outre les barrages, trois grands canaux d'irrigation que je n'ai pas tracés sur le plan, parce que leur position est loin de pouvoir être déterminée. L'un serait central et traverserait le Delta, pour alimenter tous les canaux qui s'y trouvent et qui aujourd'hui prennent leurs eaux directement dans le Nil; les deux autres seraient, l'un sur la rive droite de la branche de Damiette, l'autre sur la rive gauche de celle de Rosette.

Du projet de barrage avec ces trois canaux résulte donc un nouveau système d'irrigation qui entraîne une modification capitale de chacun des élémens du système actuel, à tel point que, dans cette immense entreprise, le travail le plus considérable ne sera, pour ainsi dire, pas celui des barrages, quoique ce soit le plus difficile sans contredit. Le Pacha a conscience de l'étendue de ces travaux et cela ne l'effraye pas; il a, dit-il, depuis longues années, l'habitude d'employer, chaque campagne, une forte somme à des travaux de ce genre (et ceci paraît vrai). Toujours est-il qu'il y a là une ample moisson de lauriers industriels à cueillir et que surtout les travaux d'art nécessaires pour coordonner les éléments du système nouveau d'irrigation et pour les déterminer d'après l'élévation des eaux due aux barrages, exigent des connaissances que personne n'a ici, et sans lesquelles on ferait de prodigieuses écoles et des dépenses inutiles de plus d'un genre.

Grâce au zèle philanthropique, et je puis dire religieux, qu'Hattein-Bey porte dans cette affaire, j'espère que des mesures seront prises beaucoup mieux qu'à l'ordinaire pour la santé des travailleurs. Contre l'habitude ordinaire, il est déjà décidé qu'on leur fera des barraques et qu'on leur donnera des nattes. De plus, nous appuyons et appuyerons tant, lui et nous, sur la question des subsistances, que nous serons en mesure de ce côté. Quatre ou cinq médecins seront attachés aux travailleurs, ce qui jusqu'ici n'a pas encore eu lieu.

Selon toute apparence, avant l'arrivée des ingénieurs de France, on aura employé cette campagne à creuser le nouveau lit au fleuve, y compris la place des fondations. Douze mille hommes sont déjà commandés pour les fondations et trente mille le seront bientôt pour les lits. Le Pacha veut même en envoyer davantage pour que le travail aille plus vite.

D'un autre côté les bois pour pilotis que l'on

voulait d'abord avoir de Constantinople, viendront de Caramanie, et n'arriveront que l'année prochaine, ce qui concorde bien avec toutes les raisons que Linant a données pour modérer l'impatience du pacha, et pour se décider à ne consacrer cette année qu'aux travaux préparatoires d'art et à l'apport des matériaux sur chantiers.

Les articles que vous publierez ou ferez publier sur l'Egypte devront souvent faire ressortir cette idée, savoir : que si l'on pouvait joindre l'*ordre administratif* européen, dégagé d'une partie de ses minuties paperassières, à l'activité laborieuse et patiente, à la rapidité d'exécution des arabes, on aurait un vrai type industriel. Quant à ce qui constitue avant tout l'*ingénieur,* je déclare qu'à voir ce que l'on ose faire et ce que l'on fait ici sans science, il y a plus d'étoffe d'*ingénieur* dans les *ignorants* arabes que dans les *savants* français ; ces derniers sont aux premiers ce qu'un tacticien est à un grand général, ce que Jomini ou le prince Charles sont à Napoléon ; les arabes ont *le coup d'œil militaire.*

Je reviens encore une fois sur la nécessité *indispensable* d'avoir au moins un homme, parmi les ingénieurs, qui ait fait des travaux hydrauliques ; si par providence il y en a deux, je crois que l'un des deux ferait bien, en venant, d'aller visiter les rives du Pô ; cela ne le retarderait pas beaucoup, et il y puiserait de bonnes inspirations. Parmi nos jeunes ingénieurs des ponts, il y en a quelques-uns qui ont, je crois, été employés dans les ports de mer, et qui ont eu à faire, ou au moins à étudier de grands travaux contre les eaux : cherchez ceux-là. Vous voyez, par ma lettre à Fournel, sur quoi vous pouvez baser les assurances que vous donnerez d'une existence honorable ici, lorsque vous ne trouverez pas dans l'homme auquel vous vous adresserez toute la fougue apostolique qui pousse à la grande aventure et surtout lorsque les objections seraient faites par les *familles;* il est bon, de plus, que vous sachiez que la seule difficulté que nous ayons rencontrée pour notre position de volontaires, la voici : M. Boghos a dit textuellement à Hattein-Bey, qu'il lui paraissait plus convenable de nous donner des *appointements,* quand bien même, pour constater notre liberté et assurer notre indépendance, on ne ferait pas, comme avec les autres européens un *contrat;* et Hat-

tein-Bey objectant que, sur mon appel en France, il se pourrait qu'il vînt, plus tôt ou plus tard, une centaine d'ingénieurs *volontaires*, M. Boghos a répondu qu'on ferait de même avec eux. Il fut, de plus, question du costume, et M. Boghos dit que, même en recevant des appointements, il ne voyait pas pourquoi nous quitterions notre costume, que le Pacha laissait toute liberté sous ce rapport. Tout ceci est bon à faire comprendre (outre l'exemple de Fournel), combien un homme de talent doit être peu inquiet de sa vie en venant ici. J'ajoute que nonobstant ces avances de M. Boghos, Hattein-Bey a conservé vis à vis de lui la position que nous voulons prendre, la donnant comme la seule convenable au bien du service et à nous-mêmes. Selon toute apparence, on affectera trois bourses de plus par mois aux appointements de Linant pour notre entretien, indépendamment de la fourniture des tentes.

Faites parvenir à Hoart les extraits de ces lettres que vous croirez pouvoir lui être utiles en ce moment.

P. E.

CLXX[e] LETTRE

A DUGUET

5 avril 1831.

Pour rendre à nos vieilles archives une pièce que, l'année dernière, j'avais omise, et dont tu as été, Duguet, la cause indirecte, je t'envoie quelques lignes écrites le jour où, revenant de voir Béranger, tu me dis qu'il n'avait pas compris mon *attente*. Ce jour était, je crois, le lendemain du jour où le pauvre Humann fut frappé. Que Petit fasse prendre à ces lignes leur place dans nos livres de Sainte Pélagie quoiqu'elles n'aient été ni terminées ni envoyées.

A toi, poëte, qui n'as pas compris mon attente, ouvre ton cœur, j'y veux entrer et te faire vivre de la vie de mon Dieu.

Tu ne vois donc pas ces légions de douleurs qui fondent sur nous, se brisant contre notre poitrine et nous étouffant?

Tu ne sens donc pas les larmes de vieux parents et d'amis qui tombent sur nos têtes comme la goutte d'eau de l'inquisiteur sur la poitrine du malheureux torturé, comme la douche pesant sur le crâne d'un fou.

Ma mère est morte ; Eugène est fou !

Ma *mère* ne m'a pas pu comprendre non plus ; elle est morte !

Le *père* d'Eugène ne l'a pas pu comprendre ; Eugène est fou !

Sa *mère* lui disait : tu assassines ton *père* — Maintenant il est fou !

Ma *mère* me disait : *mon Prosper,* je sens que je te fais mal.

Comprends-tu ? elle sentait qu'elle me faisait mal, ma *mère*.

Elle est morte !

Et moi, moi fils de femme, j'attends la femme.

Eugène chante, pleure, rit ; il crie : ma mère ! ma mère !

Il est fou !

Son père est ministre (*Humann*).

Sommes-nous fous, son père et moi, ou l'un de nous deux ?

Comprends-tu que j'attende la mère de tous les hommes et que son père soit ministre ?

Comprends-tu ses lois, ses discours et ses ordonnances, puisque tu ne comprends pas mon attente ?

. . . .

. . . .

P. E.

CLXXIe LETTRE

A DUGUET ET PETIT

Avril 1834.

Vous qui connaissez déjà un peu le pays, mes amis, vous ne serez pas trop surpris de voir que je ne vous annonce rien de nouveau aujourd'hui ; je ne vous écris que pour ne pas vous causer de l'inquiétude par le silence, et augmenter ainsi les ennuis du Lazaret.

Je veux, d'ailleurs, que ces retards ne dérangent en rien la foi dans laquelle vous avez entrepris votre grand voyage, et qu'en causant avec vous, vous sentiez bien la persistance et même le progrès de ma pensée, au milieu de ces lenteurs égyptiennes.

Tous nos efforts préparatoires de l'œuvre ont eu pour but de faire obtenir à Linant, une position pécuniaire et honorifique plus convenable, et comme je vous l'ai, je crois, dit, nous avons voulu obtenir ce résultat avant de terminer rien pour nous : peut-être vous en ai-je donné déjà la raison, dans tous les cas, il est inutile de la répéter ici. Je crois que nous sommes très-près d'avoir obtenu ce résultat. Notre présence au Caire était donc plus nécessaire qu'au barrage, où d'ailleurs, on se borne encore à l'apport des matériaux; aussi Mahmoud-Bey, Soliman-Aga (les deux Nasers) et Linant, sont-ils ici et n'iront-ils au Delta qu'après les fêtes du Bairam, c'est-à-dire, pas avant huit jours; d'ici-là, j'espère que nous aurons réussi pour l'affaire de Linant; les fêtes sont un motif de plus pour le croire ; Mahmoud-Bey, Adhem-Bey, M. Mimant donnent chacun leur coup d'épaule dans cette direction ; il faudra bien qu'ils réussissent. — Le pacha d'ailleurs montre de très-bienveillantes dispositions, et il sentira bien que cette position précaire et inférieure de Linant serait nuisible aux travaux.

En attendant, j'ai commandé mon habillement nouveau, il aura très-peu de différence avec l'ancien, si ce n'est la couleur (à peu près cerise comme l'habit que Duguet a eu à Mahmoud-Bey); pantalon blanc, large du bas, mais taillé à l'européenne, et antérite blanche comme les Nisams, la veste et l'antérite ressembleront assez à l'habit de Nisam, mais j'ai la ceinture noire et la jupe, ce qui conserve notre caractère. La coiffure m'embarasse encore un peu, mais j'en viendrai à bout, sans tarbouche et avec mes cheveux; du moins je le crois et l'espère. — Depuis quinze jours, nous passons alternativement notre temps chez l'un ou l'autre général; le dernier en *date* n'est pas, comme vous pensez bien, le dernier en *fait*, l'autre est un peu fatigué, il ne lui est pas donné de faire plus que des miracles, et ce qu'il a fait jusqu'ici en est vraiment un. Quant à l'autre, c'est un vrai *crescendo* entre lui et nous; ne fut-ce que pour rendre au premier toute l'élasticité de son âme que le *temps* comprime, je désirerais dix fois plus être déjà au barrage, mais avec les turcs il faut dire: qui va doucement va longtemps, puisqu'ils disent d'eux-mêmes, qu'ils attrapent les lièvres en charriots.

Je n'ai donc rien à ajouter aujourd'hui à vos instructions, et seulement à les confirmer ; vous pouvez juger de la nécessité providentielle de notre lenteur par le fait suivant : nous n'avons encore ni nos livres, ni même nos instruments d'Alexandrie ; M. Malus n'est pas arrivé.

Le pacha s'occupe avec la même ardeur impatiente du barrage. Dernièrement il a fait appeler à Choubrah, Linant, pour lui demander si les arbres du pays pouvaient servir à faire des pilotis. Le soir même, il l'a envoyé visiter ces arbres, *aux flambeaux*, dans les jardins, le lendemain matin, un arbre était coupé, et Adhem-Bey convoqué avec l'ordre d'apporter un mouton pour enfoncer le pilotis ; le fait est que ces arbres ne vaudraient rien, il faudrait les pilotis en quatre ou cinq morceaux, mais s'ils avaient convenu, certainement en quinze jours il en aurait fait couper et équarrir des milliers. Il presse toujours pour creuser les fondations, et il est plus probable que jamais, qu'à son retour à Alexandrie, il s'arrêtera sur les travaux ; lui-même disait dernièrement, en en parlant, qu'un colonel n'avait pas de place fixe dans son régiment, qu'il devait être à l'endroit le plus *important*, parce que sa présence était plus nécessaire là qu'ailleurs. J'en suis bien aise. Il a commandé des machines à vapeur pour les épuisements, avant même qu'elles aient été demandées par Linant qui s'était borné d'abord à des machines à chevaux et à bras. — Galloway s'occupe toujours du chemin de fer de Suez, et aussi du petit chemin modèle pour le transport des pierres du Mokatam au Nil. — Adhem-Bey l'avait amené ici dernièrement pour me voir, je n'y étais pas, mais je profiterai de ce premier pas forcé pour lui faire ma visite avec le général.

Adieu, mes amis, n'oubliez pas la recommandation que je vous ai faite de m'écrire exactement, n'eussiez-vous, comme moi, aujourd'hui, pas grand chose à me dire.

Les santés sont bonnes ici. Alric seulement a eu une petite vérole volante sans gravité, il est bien et sort. Urbain est le seul qui m'inquiète un peu ; Ollivier n'engraisse pas, mais il n'est pas mal.

Reboul est parti hier pour l'Abyssinie avec Thibault ; il est en habit blanc de soldat ; pas de nouvelles d'Holstein, ce qui commence à m'être pénible ; pas de nouvelles non plus de Barrault, ni de Tamisier. — L'affaire deToché n'est pas plus avancée — pas de lettres d'Europe, depuis votre départ.

Adieu mes enfants.

P. E.

NOTE DE LAMBERT

Vieux-Caire, 16 avril 1834.

Rien de plus sur le Nil, pour Duguet ; que Petit n'oublie pas de faire introduire parmi les livres qu'apporteront les volontaires nouveaux, le plus de documents qu'il pourra sur les chemins de fer et les machines à vapeur. C'est surtout l'affaire de Boudousquié ; les cours des écoles des ponts, des mines, etc., auraient aussi pour moi, une grande valeur.

Bon retour, mes chers amis. —Ch. Lambert,

CLXXII[e] LETTRE

A DUGUET ET PETIT

Vieux-Caire, 7 mai 1834.

C'est le 5 mai, anniversaire de la mort de Napoléon, de la séparation de Michel à Sainte-Pélagie, et enfin du mariage de Linant, que le pacha a consenti aux demandes de ce dernier et que ce qui nous concerne, a été également décidé. Les appointements de Linant sont portés de quatre bourses à dix, et le pacha l'autorise à porter la décoration d'ingénieur en chef d'Égypte. Quant à nous, comme je vous en ai prévenu, on donne à Linant trois bourses par mois, pour les frais qu'il fera en nous traitant comme ingénieurs volontaires, *missafirs*. La chose a été lente, mais elle est faite comme nous le voulions, et ces lenteurs elles-mêmes, par d'autres raisons, étaient bonnes et nécessaires.

D'un autre côté, Alric, depuis plusieurs jours a commencé le buste du pacha ; il avance beaucoup et heureusement, dit-on, il travaille à Choubrah, dans un cabinet à côté du grand divan, le pacha y entre de temps à autre, et d'ailleurs Alric vient à chaque instant sur le bord de la porte, d'où il peut le voir. Ceci doit vous faire sentir la nécessité de réussir dans la recherche du *mouleur* déjà demandé. Plusieurs bustes suivront sans doute celui-là, et probablement aussi des travaux d'ornements, soit dans le palais du pacha, soit dans les écoles. — En outre, Alric est demandé pour être professeur de dessin à l'école de Gizeh, j'espère qu'il sera trop occupé autrement pour pouvoir remplir cette place ; raison de plus encore pour encourager un artiste de plus à venir.

De toutes manières, *le Saint-Simonien est en hausse*, Clot-Bey m'a demandé Machereau pour l'école d'Abouzabel : je lui ai répondu que celui-ci courait le monde ; et on m'assure en effet, qu'il est en ce moment en Grèce ou dans quelque île de l'archipel. Granal est demandé ainsi qu'Urbain, pour professer le français à l'école d'infanterie de Kanka où Price vient d'être replacé, où Jules Sonnerat sera également employé, et enfin où Gabaudan, qui est encore un de nos amis, est aussi demandé ; le fait est que la réorganisation des écoles a non-seulement mis en faveur les français ici présents, mais en exige de nouveaux. — Les appointements sont faibles, mais enfin, avec 800 à 1,000 piastres par mois, on peut certainement bien vivre ici, quand on se borne à une vie sans harem, esclaves, eunuques, etc. — Que ce que je vous dis ici, ne vous rende pas moins très-scrupuleux sur le choix des hommes auxquels vous parlerez en France de ce *débouché ;* mais au moins marchez tranquillement, à l'égard de ceux que vous jugez dignes d'être engagés *par nous* à visiter l'Egypte, sans craindre de les fourvoyer dans une malheureuse campagne.

Il paraît de jour en jour plus probable qu'enfin Soliman-Bey recevra sa récompense si bien méritée, cependant rien n'est public encore, on pense que ce sera pour le premier jour de l'année turque. La position qu'il occupe en ce moment à l'égard des écoles est excellente pour l'avenir, il est inspecteur-général chargé de leur réorganisation, et pour ainsi dire, par-là, directeur de l'instruction publique, comme Hattein-Bey est directeur des travaux publics. Quoique cette mission soit en dehors de ses habitudes, il est très-bon que ce soit lui qui commence ce mouvement, et mette une unité au moins militaire, dans ce gâchis européen qui préside à l'éducation des enfants d'Egypte. Sur lui et sur Hattein-Bey, j'ai toujours les mêmes bonnes choses à vous dire.

Nous allons donc partir enfin pour le barrage, il est temps ; car les 12,000 hommes qui doivent creuser les fondations, sont commandés et arriveront très-prochainement, et l'on s'occupe en ce moment même des travaux préparatoires pour les y recevoir. — Décidément, ils auront des barraques et des nattes, ce qui n'a jamais eu lieu pour aucun travail ici, et aussi des médecins, chose aussi rare ; songez de votre côté à Lachèze, ou à son défaut, à un autre médecin. Tout nous fait croire aussi que le service des subsistances sera bien ordonné.

Il parait que c'est avec beaucoup de peine que l'on s'est décidé à ne pas nous donner d'appointements, de même qu'on en avait eu beaucoup pour donner à Fournel ceux qu'il demandait. Le fait est que notre manière d'agir est si peu ordinaire qu'il n'est pas difficile de se méprendre ou de ne pas comprendre quand on peut *raisonner* notre vie. Nous portons le grand signe n° 1 et la femme seule pourra nous en délivrer; il commence à peser, mais aussi cette élimination mettra au jour de bonnes et grandes réalités.

Pour ne pas l'oublier, et puisque je parle en ce moment de femme, engagez un de nos amis qui écrivent dans les journaux à utiliser une très-bonne note que j'ai trouvée dans les mémoires du général Lhody (intendant à la guerre d'Allemagne), au chapitre de l'influence des femmes.

Le Kamsin est commencé et nous pouvons vous féliciter d'avoir échappé à cette initiation, elle est peu agréable : au reste, je me plais quelquefois à penser que vous pourrez voir la fin, car il a encore cinquante jours à courir, et si les vents et Neptune vous favorisent, la chose n'est pas impossible.

Pas de nouvelles de Barrault, mais ce qui m'inquiète plus, c'est que je n'ai rien appris d'Holstein, et ce long silence est plus qu'extraordinaire.

Jules Toché a eu comme Alric une espèce de variole qui l'a retenu plusieurs jours à la chambre, il est bien maintenant. David a fait une dent de *sagesse,* il s'est cru très-malade pendant deux jours ; cela l'empêchait de manger.

Dieu nous donne, à Lambert et à moi, de bonnes santés, grâce à l'immense habitude de patience que nous avons contractée depuis deux ans. Ces derniers mois n'ont pas été les moins rudes.

Dans mes lettres précédentes, aussi bien que dans celle-ci, je ne vous charge spécialement d'aucune marque de tendresse pour personne. Vous savez trop bien à qui je les adresse, et que votre mission consiste en grande partie à les transmettre.

Adieu mes amis, mes enfants.

P. E.

CLXXIII[e] LETTRE

A HOLSTEIN

Cafr el Baranié, 23 mai 1834.

J'ai reçu, ami, ta lettre du 9, contenant une pour Duguet et deux travaux de Barrault. —

Je ne sais si les habitudes de la diplomatie française y sont pour quelque chose, mais tu n'as pas reçu un gros paquet, à l'adresse de Fabreguettes, et qui contenait, outre une lettre pour toi, la copie d'une longue lettre que j'ai écrite à Hoart et Bruneau le 16 mars. Ce paquet a été remis chez M. Mimant, vers le 17 mars, date de la lettre que je t'écrivais. Nous avons été nous-mêmes fort inquiets de ton long silence, lorsque enfin, il y a quinze jours environ, nous avons su que M. Mimant avait reçu des nouvelles de Fabreguettes qui annonçaient ton arrivée.

Maintenant te voici en France, et quoique Vincent n'ait pas pu te mettre entièrement au courant, tu sais au moins les événements principaux qui nous intéressent; tu seras bientôt sans doute avec Hoart, Bruneau, Duguet et Petit qui t'informeront de tout en détail : je vais donc continuer à vous donner à tous, par ton entremise, de nos nouvelles ; tu les leur communiqueras.

Le 19, anniversaire de la mort de Saint-Simon, nous étions occupés à niveler, quant Linant, qui était au Caire, nous y appela. Nous y arrivâmes le soir, précisément pour faire à Soliman notre compliment, en apprenant de lui, qu'enfin il était pacha, quoique le firman n'ait pas encore paru. Le 22, hier, au moment où nous allions repartir dans la Cange pour le barrage, les cavas du pacha, drogman et cavas du ministère, sont venus à la queue leu-leu ou loup loup apporter le firman, faire leur salamalec et recevoir les bacchis du nouveau pacha. Alors nous sommes tous partis, Soliman pour Choubrah et nous pour le barrage, car nous venions d'apprendre en même temps que le pacha était parti ou allait partir pour Alexandrie et s'arrêterait peut-être au barrage. En effet, il était parti, et lorsque nous arrivâmes au barrage, nous apprîmes qu'il y était passé sans s'y arrêter, à l'heure de son sommeil.

Ceci est donc le dernier acte du séjour de Méhémet-Ali au Caire, et la promptitude avec laquelle il a éludé le baisement de main de remercîment est assez remarquable. Soliman est toujours *au moins* le même pour nous, et ce dernier petit séjour, sous ce rapport, m'a été vraiment sensible. — Nous avons été occupés, les jours précédents, Lambert et moi, à niveler le cours du Nil, j'ai fait en même temps le plan de la nouvelle école d'ingénieurs que nous allons faire bâtir ici, et le projet de son organisation.

Le tout sera remis au conseil cette semaine. D'un autre côté, la formation de l'école polytechnique de Boulac est tout à fait arrêtée, sous la protection d'Hattein-Bey, la direction d'Artin-Effendi; Akekin, Maluse et le cheik Reifa, professeur, formant le conseil, avec les deux précédents. La destinée de ces deux écoles est ou de se fondre en une seule, ou de rester séparées, l'une, celle de Boulac qui était préparatoire, pour l'autre, qui serait, à proprement parler, une école d'application. Dans les deux cas, vous comprendrez tout le rôle important que devront jouer là les élèves de l'école polytechnique qui viendront me rejoindre. — Lambert ira passer quelques jours de la semaine prochaine avec Hattein-Bey pour se concerter avec lui pour tout ceci.

Le projet de Soliman, pour organiser une *commission de l'instruction publique,* séparée des conseils actuels de la guerre et de l'intérieur, se réalisera sous peu et facilitera beaucoup de choses. Sa position de pacha lui en donne naturellement la présidence; c'est on ne peut mieux, et, en son absence, son remplaçant ne pourrait être qu'Hattein-Bey, ce qui est très-bien encore.

Les travaux de creusement des fondations marchent assez lentement; il n'y a encore que 3,000 hommes environ, mais ce n'est pas un mal. Le pacha a compris qu'il fallait se borner cette année, à l'excavation jusqu'aux plus basses eaux et ne songer à construire que l'année prochaine. — Mahmoud-Bey va probablement être chargé seul de la direction des deux barrages ; ce sera mieux — il va faire bâtir une maison pour lui, et je pense que d'ici à l'année prochaine, assez suivront son exemple pour qu'il y ait ici l'aspect d'une petite ville.

Dans ma lettre perdue, je t'avais recommandé de t'entendre avec Bergeret pour mettre en ordre nos archives ; je te renouvelle cette recommandation.

Je te faisais sentir combien ta présence en France pourrait contribuer au bon résultat de celle de Duguet, et combien surtout elle me paraissait convenable, lorsque, après leur retour et celui d'Hoart et Bruneau, tu serais seul mon représentant en France.

J'attendais, pour t'écrire de nouveau, l'annonce de ton départ, ne sachant où te prendre, et n'ayant d'ailleurs aucun ordre précis à te donner. Je savais bien que je n'avais à raffermir ni ta foi religieuse, ni ton cœur d'ami et que, tu avais autant que moi le désir et l'espoir d'un retour, lorsque Dieu nous aura donné le témoignage d'amour qu'il nous faut à l'un et à l'autre pour que nous puissions nous embrasser le cœur content.

Tu me demandes des *ordres* et tu sens que j'ai à t'*en* donner. Oui et non. Je te donne l'ordre de te livrer à ton cœur pour faire que ceux que j'aime, sachent par toi comment je les aime, sans pour cela que je puisse te dire que j'aime et comment j'aime, tu en sais plus que moi sur moi-même, sous ce rapport. Moi, que *sais-je* d'amour? Rien, plus rien ; mais je me *souviendrai* un jour. Je te donne l'ordre que je t'ai toujours donné, de me faire aimer par toute la tendre et confiante amitié que tu as pour moi ; mais je te le répète, mon cœur est si comprimé à l'étroit, depuis longues années, dans la prison où ma mission l'a mis, qu'il attend que le monde le délivre, et ne fait plus d'effort par lui-même pour recouvrer sa liberté. Mon cœur arpente et nivelle, ou plutôt il est engourdi et sommeille, tandis que mes bras travaillent et que ma tête s'assoupit chaque jour. Dieu ! bonne, le jour où elle pourra dormir à son tour, cette tête, pour laisser à mes bras la force de soulever un monde! J'espère que tu seras contente de moi. — Tout ce que je te dis là, est-ce un ordre? Je ne sais, mais j'attends de toi, au moins autant que de tout autre, la délivrance de mon cœur; n'appelle pas, si tu veux, ce que je te dis un ordre; appelle-le une prière, ce sera mieux nommé. Richard est en prison chez les infidèles. Il n'ordonne pas à Blondel de le sauver, mais il espère en lui.

23 mai 1834. Sous la tente, au barrage.

P.S. — Dans ma précédente lettre à Duguet et Petit, je leur ai recommandé, pour nos amis qui sont dans les journaux, un chapitre des mémoires du général Llyod sur l'influence des femmes. Recommande-leur, de ma part, le dernier chapitre des rêveries du maréchal de Saxe, également sur les femmes. C'est assez drôle de trouver tout cela chez des hommes de guerre.

Dis à Duveyrier que j'ai usé ses peignes, et comme je n'ai pas pris l'usage du pays et fait raser ma tête, il fera bien de m'en envoyer de nouveaux avec deux bonnes brosses à dents et deux ou trois pots de pommade, digne de l'Orient. Lambert lui demande un couteau, et non pas l'offre d'une seconde seringue, dont il n'a nullement besoin.

Je te recommande spécialement une chose que j'ai oubliée, je crois, de dire à Petit et Duguet, c'est de nous faire une collection des journaux et des livres qui nous intéresseront. Après leur départ, tu continueras ce petit service, et t'entendras pour cela avec Guéroult, Flachat, Beranger, et les enfants de Lambert.

Il faut qu'on parle convenablement de l'élévation de Soliman au rang de pacha; écris-le à Paris. — On peut annoncer aussi la fondation de l'école du génie civil au barrage, école éminemment pratique, où l'enseignement se fera par l'exemple, même de tous les travaux d'art qu'exigera cette immense entreprise; Linant en est le gouverneur. De même il faut parler de l'école polytechnique en général; vous qui avez la connaissance du pays, de ses exigences et de ses besoins, vous pouvez trouver les formes de discrétion convenables pour parler des choses que je vous écris, en y mettant la prudence et l'art nécessaires pour que tous y gagnent, Français et Egyptiens, d'autant plus, qu'il est inutile de parler de nous, de moi surtout.

Le buste du pacha est terminé, quant à la figure; on n'est pas content, Alric le premier, de la barbe, mais il y retouche; la ressemblance des traits est bien; le pacha, dit-on, en est très-content. Alric est déjà nommé professeur de dessin à l'école de Gizeh avec 800 piastres par mois, ce qui va à plus de 1,000 avec le taïm; il est possible qu'il n'accepte pas, s'il a d'ailleurs des travaux.

Toché, Granal, Cogniat ont été malades; nous avons laissé Ollivier ces jours-ci avec un commencement de dyssenterie, qui, j'espère, ne sera rien. J'avais voulu guérir Cogniat en le faisant venir comme médecin des ouvriers au barrage: il n'a pas même compris, encore moins senti. A propos de médecin du barrage, il y a telle pénurie sous ce rapport, que Clot n'a pu nous envoyer aucun des trois que nous lui avons demandés; aussi me tarde-t-il de savoir si Lachèze ou d'autres médecins viendront: ils seront bien reçus. Je n'ai rien dit à Petit et à Duguet sur Jallat; ce n'était pas le cas, et je ne te demande à toi-même rien à faire auprès de ce vieux grognard; qu'il sache seulement par toi que je sais qu'il choisira pour me revoir le moment qu'il *voudra,* mais que ce moment-là, quel qu'il soit, sera toujours un bon moment pour moi.

Tu le vois ami, depuis une heure, je veux finir et toujours je continue, et voilà qu'après t'avoir dit que mon cœur sommeille ou dort, notre vieux grognard vient pourtant de se fourrer sous ma plume. Je continue comme si j'avais encore quelque chose à te dire, comme si en causant avec toi, mon cœur se réveillait peu à peu; comme s'il voulait dire par toi un mot de tendresse à ceux qu'il aime, comme s'il me reprochait d'avoir laissé encore à ma *tête* la royauté dans ces quatre grandes pages. A Dieu père, ma tête, il l'a voulue, je la lui ai donnée, qu'il la prenne et ne m'en laisse que ce qu'il faut pour être toujours bon en étant fort; mais que Dieu BONNE m'éclaire et m'ordonne ; il me tarde tant de lui obéir! Quoi! j'aurai enfin fini tout-à-l'heure avec toi, avec toi qui vas te trouver dans peu entre un vieillard et un enfant, mon passé et mon avenir ! Baise les cheveux blancs du vieillard, baise les cheveux blonds de l'enfant ; ils ont bruni un peu, je pense, baise-les encore une fois. Et tu seras aussi à côté de deux femmes, l'une tient lieu de fille au vieillard et veille pour moi sur ses vieux jours ; l'autre est la mère de l'enfant : que sont-elles pour moi qui suis le fils et le père ? Dieu bonne a laissé planer le mystère entre moi et ces deux femmes ; ELLE se lèvera un jour, pour leur bonheur et pour le mien ; elles me donneront mon nom, je leur donnerai le leur, car nous ne nous sommes pas nommés encore.

Et lorsque tu marcheras vers Paris, fais une station aussi là où j'ai fait mon apprentissage d'ingénieur, là où j'ai fait mon petit pont, mon petit canal, ma petite maison, avec son joli jardin, là où, pour la première fois, j'ai aimé. Vois Curson, car je n'en reçois aucune nouvelle et cela m'inquiète.

Adieu, mon ami, je suis plus content que tout à l'heure.

P. E.

CLXXIVe LETTRE

A SOLIMAN-PACHA

Barrage, 31 mai 1834.

Mon cher général, je me suis trompé; le brave garçon que vous m'avez envoyé est un vrai matelot qui aime sa cange, son équipage, son Nil et ses plaisirs du port comme un Suisse ses montagnes. Je désire qu'il reprenne sa place d'où je l'ai dérangé et qu'il occupe très-bien, j'avais fait une brioche. Ce qu'il me faut c'est un bon domestique tout formé et habitué à ce rude métier, assez pour le trouver très-doux près de moi, malgré le peu d'attraits du pays encore désert que nous habitons. Urbain va s'occuper de cette recherche. J'ai mené hier mes visiteurs à Tahlieh, Ollivier a été frappé de ce que cette campagne pouvait devenir dans vos mains avec le temps et des sakis; nous avons fait la course à pied en une heure vingt minutes au bon pas ordinaire.

J'espère vous voir bientôt pour vérifier avec vous cette distance.

J'ai appris avec grand plaisir, mon cher général, que votre firman mettait sous votre direction *toutes* les écoles d'Égypte ; je le désirais vivement, car pour faire marcher ce pays, c'est surtout à la génération qui arrive qu'il faut s'adresser, et pour qu'elle travaille bien, elle a besoin d'une seule impulsion, dans le civil aussi bien que dans le militaire. Ne faut-il pas qu'un jour le *travailleur* si pauvre, si déguenillé aujourd'hui, porte comme un lancier des plumes sur son bonnet; et qui les lui mettra si ce n'est celui qui sait que sans des plumes, des costumes, de la musique, de la tenue, de l'éclat, on ne peut pas plus vaincre la nature que les hommes? Il aime aussi l'enthousiasme et la gloire, le travailleur; que celui qui connaît le mieux en Égypte, cette belle face de la vie humaine en pare les bons Arabes; il aura accompli ce que Napoléon a voulu et a commencé, puisqu'il a mis le pied sur la terre d'Égypte. C'est la vie du grand homme qu'il faut infuser dans celle du fellah comme elle a coulé pendant plusieurs belles années dans le sang du Français seulement.

Adieu, cher général, à revoir au plus vite.

P. E.

CLXXV[e] LETTRE

A HOART ET A BRUNEAU

Barrage, 31 mai 1834.

J'ai reçu, chers capitaines, votre lettre du 28 avril, un mois juste après sa date. La rapidité avec laquelle m'est venue votre réponse à ma lettre du 16 mars est de bon augure. Votre doute sur la venue de quelques ingénieurs avec vous disparaîtra je pense à la lecture de mes instructions à Duguet et Petit, où vous verrez que je regarde cette venue, pour ainsi dire, comme *indispensable* à leur retour, et même à votre arrivée. D'ailleurs, l'état politique de France, dont vous me parlez en détail, facilitera à quelques âmes élevées la compréhension de l'œuvre que vous avez à proposer en mon nom. Ces nouvelles politiques, ou plutôt vos réflexions sur les faits que les journaux ont fait connaître, m'auraient été plus agréables, si vous y aviez joint quelques notes sur le personnel de notre ancienne famille, aujourd'hui dispersée. D'une part Rogé, Massol, Rousseau, Desloges, Bazin, Rigaud, Tourneux, Retouret, Béranger, Guéroult, les fils de Lambert, quelques femmes ; de l'autre Rodrigues et les Pereire, la *Revue encyclopédique,* Jules, Transon et le phalanstère, Buchez et ses élèves ; Flachat, Lamé et Clapeyron, Michel et son frère, Cazaux, Dugied, Saint-Chéron, Charton et tant d'autres, et Duveyrier donc ! et Simon et Goujet, Lemonnier et la France méridionale, et Toussaint ! ou du moins parmi tous ceux-là, ceux qui font quelque chose. N'oubliez pas des détails précis sur tout cela en venant ici, et arrangez-vous pour que nous continuions à être informés. Je n'ai reçu aucun numéro du *Livre des actes,* et quelques numéros seulement de la *Tribune des Femmes ;* je ne sais s'il s'écrit en Angleterre, en Allemagne ou en Italie, quelque chose portant notre cachet, ni ce que devient la presse de province et particulièrement Guépin, Simon, Vizinet, Bayle.

J'ai écrit le 23 à Holstein ; il vous communiquera la partie de ma lettre qui vous intéresse. Pendant ses deux mois de séjour à la Canée il n'avait rien reçu de nous ; nos lettres avaient été égarées au consulat ; elles contenaient précisément copie de celle que je vous écrivais le 16 mars.

J'ajoute, pour continuer ce que je lui annonçais de la nomination de Soliman-*Pacha*, que toutes les écoles d'Égypte ont été mises sous son inspection, chose excellente.

Lambert est en ce moment au Caire, où il s'occupe, avec Hattein-Bey, de la création de l'école polytechnique; Linant y est également pour l'autre école. Je suis resté seul ici, et Ollivier et Urbain sont venus m'y tenir compagnie; Urbain est retourné, Ollivier attendra le retour de Lambert.

Pour les grandes chaleurs de ce pays je vous engage à prendre des chapeaux de paille à grands bords; faites-en même provision pour nous; dites à Aglaé que je voudrais qu'elle m'en envoyât comme Auguste en portait : chapeau de femme conservant de très-grands bords, presque comme les forts de la halle. Prenez aussi pour vos provisions de gros souliers de cuir jaune; à Marseille, c'est très-bon pour la fatigue.

Quelques lettres de Lambert ont dû répondre à tes légitimes réclamations en faveur du zèle infatigable de Marie, mon cher Hoart; tu peux lui assurer de nouveau que l'avenir ne sera pas seul rémunérateur, et que, dès à présent, malgré la distance, elle a plus grandi dans mon affection que par tous ses travaux passés; elle a senti toute l'importance de sa position et l'a rendue plus belle encore que je n'osais l'espérer. Tu ajoutes un mot pour Humann; je crois que Lambert lui avait également fait adresser quelques mots de tendresse pour lu iet pour moi; pourtant j'en doute, parce que quoiqu'il en ait été souvent question entre nous, il me semble que je me rappelle n'avoir rien voulu faire qui parût un nouvel appel à ce cher enfant qui voulait être mon aide de camp dans nos campagnes pacifiques. Je sais trop peu quel est l'état de son corps et de son esprit pour aller à son âme par quelque voie que ce soit; c'est à vous de voir. Certes si Dieu voulait qu'il pût être de notre voyage, j'en serais, sous tous les rapports, on ne peut plus heureux, mais... Voyez et jugez, mais surtout voyez et *aimez;* aimez *lui* et *tous.*

Ma lettre vous parviendra sans doute quand vous serez bien près de votre départ, car je ne vois rien d'impossible à ce que vous soyez ici dans les premiers jours d'août; j'adresserai même mes prochaines lettres à Vincent de Marseille pour vous les faire tenir là où vous serez.

D'ici là nos travaux de terrassements auront, j'espère, peu avancé ; je mets tous mes soins à ce qu'on s'occupe avant tout des constructions de chantiers, magasins, école, habitation des ingénieurs et baraques d'ouvriers ; l'année prochaine en sera plus belle et la marche des travaux plus régulière ; les fournitures de matériaux vont toujours leur train.

Tu me parles de billets adressés à Fournel ; j'en ai reçu deux, et je pense que c'est tout ce qu'on a envoyé. Quant aux lettres adressées à Cécile et à Fournel, ils ont donné ordre de les leur retourner, et nous ne les recevons pas.

Ce sera à vous à juger si vous devez tous vous attendre pour venir en même temps, ou si de trop grands retards, obligés pour quelques-uns, ne forceront pas à faire deux départs ; songez qu'un homme qui, après vous avoir promis, serait d'un caractère à vous faire craindre qu'il ne vînt pas, n'étant plus pressé par vous, ne serait pas l'homme qu'il faudrait à notre œuvre ; nous sommes *volontaires,* il faut avoir une volonté.

Adieu, chers capitaines, je vous embrasse.

P. E.

P. S. — Je viens de recevoir une lettre de Barrault du 16 avril, qui m'annonce, de Constantinople, son départ pour la Russie. La personne qui me l'envoie me dit qu'elle apprend à l'instant même son arrivée à Odessa. Barrault me dit aussi que d'Eichthal est à Nauplie. — A propos de Barrault, rappelez-vous, pour vos visites ministérielles avant votre départ, si vous en faites, qu'il n'a eu qu'à se louer de l'amiral Roussin à Constantinople. — Lagarde part pour la Syrie, où l'on annonce que tout n'est pas tranquille ; cela pressera la solution de la grande crise orientale.

CLXXVIe LETTRE

A PETIT

Barrage, 31 mai 1834.

Mon cher enfant, la réponse de Hoart à ma lettre du 16 mars est datée du 28 avril; elle a dû passer à Marseille le 3 mai et en partir au moins à cette époque; vous avez donc mis trente-cinq jours au moins à votre voyage, c'est long; mais Hoart a été prévenu vite, c'était l'important. Sa lettre me fait voir qu'il avait besoin de recevoir de vous la conviction de la nécessité d'amener avec eux des ingénieurs-constructeurs, vous la leur aurez donnée.

Je t'écris en particulier ces lignes, parce que je veux te parler d'une idée qu'il me semble bon que tu médites. Tu sais que Soliman a une terre près du barrage ; il l'a augmentée depuis quelque temps, et veut l'augmenter encore, comptant beaucoup, avec raison, sur l'accroissement de valeur que ces propriétés retireront du barrage. Tu sais d'ailleurs qu'il a été question plusieurs fois par Ollivier et Toché avec Bonfort, et par une demande directe de Toché à Méhémet-Ali, de l'organisation d'une ferme-modèle, institut agricole d'Égypte. D'un autre côté enfin Soliman Pacha est à la tête de *toutes* les écoles d'Égypte ; je crois et j'espère qu'il est destiné à être le promoteur du travail pacifique, sous toutes les formes, dans ce pays ; il faut lui en ouvrir la voie, et il s'y précipitera un jour avec son ardeur accoutumée. — Toi seul, des trois anciens élèves de Graville qui sont venus ici, n'as rien tenté dans cette direction, et cette explication d'une des phases de ta vie te manque encore. Je n'ai encore rien dit de cela à Soliman, et j'attends la visite qu'il doit faire bientôt à nous et à sa terre pour lui en toucher quelque chose; je crois toutefois à l'avance que l'obstacle est l'argent à dépenser immédiatement pour organiser une pareille chose, mais surtout l'homme pour la diriger.

L'argent me paraît devoir être 40,000 francs: 20,000 francs pour les sakis et instruments, et 20,000 francs pour les constructions; peut-être 10,000 francs de plus si on voulait faire en masse et non successivement les défrichements. Ollivier a essayé d'engager des hommes à venir, Busco et Léon de Dombasle, mais le silence qu'on garde sur les lettres, envoyées pourtant par duplicata à Hoart et Bruneau, lui fait craindre qu'elles ne soient perdues; elles étaient parties le même jour. Ce serait à toi à renouer la chose, et d'un autre côté à joindre à ces hommes une partie financière qui, là au moins, reposerait sur le sol, et non sur les brouillards de théories. L'idée de fonder un institut agricole en Égypte est tellement naturelle, au point de civilisation où en est actuellement ce pays, et non le caractère éminemment productif de son sol et de son fleuve, que ce thème n'a rien de fantastique, et qu'on n'est pas obligé, pour le soutenir et le développer, de tirer la réalité par les cheveux.

Tu dois sentir les conséquences personnelles et sociales qui ressortiraient pour toi de ta participation à cette œuvre; et, sous un autre rapport, l'affection toute particulière que t'a toujours témoignée et que te porte toujours Soliman, te fera voir sans doute avec plaisir cette forme de communion avec lui. Cherche, rêve, il me semble que tu ne peux manquer de trouver.

J'ai recommandé encore à Holstein dans ma lettre du 23 de ce mois, dont il a dû vous communiquer une partie, de faire parler convenablement, dans les journaux de l'Égypte et des choses et des personnes qui nous intéressent; c'est à toi aussi et à Duguet que ce discours s'adresse, et je le confie à ta fine délicatesse; pour le projet dont je te parle plus haut, cela doit te servir encore.

A propos de finesse délicate, ou de fine délicatesse, tu n'as guère été fin, et au contraire par trop délicat, en ne nous parlant pas de ton tapis. Je me suis aperçu que tu aurais sans doute été bien aise de le porter en France, lorsque tu étais déjà en mer; et il voyageait dans la cange de Linant, lorsque tu partais pour Alexandrie. Il sert à Lambert qui a pris ta place sous la tente, comme s'il était un *attribut de la fonction,* et je crois bien que c'est à ce titre que Dieu m'a fait oublier de te le rendre, et t'a inspiré de ne pas en parler. Toutefois, j'aurai un moyen de tout concilier, ce sera de te donner le mien à mon retour; il vient aussi de Soliman, et vous porterez, toi et Lambert, qui êtes de tous mes enfants ceux qu'il aime le plus, le signe de son affection, ou plutôt vous serez portés par lui.

Je dis un mot à Holstein sur *Pluvinet;* il te le communiquera, et je parle aux capitaines de *Humann;* la destinée de ces deux pauvres enfants, à des degrés bien différents de l'échelle sociale, a une ressemblance qui me fait te parler à toi de tous les deux. Tu verras l'un et l'autre, parce que je sais que tu ne leur diras de moi que ce qui peut leur être bon. Je serais bien aise aussi de savoir par toi ce qu'est devenu Santenoyse le maçon, et ce que fait Chauvin l'ancien gérant du *Rénovateur* et le docteur Gervais que tu verras de ma part. Quant à celui-ci j'ai plus long à t'en dire. Si tu trouves toi (et Duguet qui ferait bien de le voir aussi, et à qui tu liras, je te prie, plusieurs passages de cette lettre, ou toute la lettre, si tu le juges convenable), si tu trouves, dis-je, que la dernière échauffourée républicaine a complétement achevé son désenchantement, et a fait *germer* ce que je me suis efforcé de mettre en lui, tu pourras lui dire que je l'attends ici, c'est un homme de résolution, de caractère, qui a été bien gâté par le libéralisme, mais j'espère, pas jusqu'à pourriture. Je ne le mets pas au rang de ceux que vous devez *engager,* mais s'il a assez de foi pour venir chercher fortune là où je suis, j'en tirerai certainement un parti convenable pour lui et pour tous. Informe-toi aussi de ce pauvre petit Goulet qui avait été mis en prison avec moi; le compagnon d'Auguste, tu sais? Tu feras bien aussi d'aller faire mes compliments à M. de Fleury de la *Gazette de France,* et tu prépareras à l'avance ce que tu dois lui dire, en vue de son journal et de ce qu'il pourrait te convenir d'y faire insérer.

Dis à Holstein, à qui j'ai oublié de l'écrire, que maintenant qu'il est un bourgeois, je désire qu'il voie Saint-Cyr et Camille, sans pourtant sembler courir après eux, et même sous une forme de presque *stricte* politesse, jusqu'à ce qu'il voie si l'on désire plus de lui. Il en sera de même à l'égard de Bégé, si celui-ci est à Paris, se rappelant de porter dans ces différentes visites, l'immense indulgence pour les faiblesses du monde; il sait que j'aime à la pratiquer et à l'inspirer. Cela n'exclut pas d'ailleurs la dignité sévère, même dans le cas où il ne serait pas reçu convenablement, mais pas de pique, de colère, il suffit de l'indulgence calme, je le répète : c'est ce qu'il y a de plus *digne* et de plus *utile*.

Je reviens sur le sujet principal de ma lettre, car je m'aperçois que peut-être ce que je t'en dis n'est pas assez clair. Nous sommes dans notre phase de travail et d'industrie; je ne sais pas à quelle fonction, sous ce rapport, ta vie apostolique est destinée ; mais il est évident que tout apôtre, près de moi, devra être spécialement occupé à une œuvre de production, à une *entreprise* industrielle, la même que la mienne. Mais la mienne, tu le sais, n'est pas le barrage seulement, c'est de donner l'impression pacifique, industrielle et par conséquent une impulsion *universelle* à l'Égypte d'abord. Le grand symbole de cette impulsion sera la *communication des deux mers;* mais pour arriver là, il faut saisir le pays par tous les bouts, si c'est possible, en un même lien et dans le même temps. C'est pourquoi l'œuvre agricole, près du barrage, me paraît œuvre apostolique, malgré sa petitesse apparente, malgré son caractère d'entreprise d'un particulier; c'est cette *entreprise,* la première de ta vie que tu aurais osé faire, que je te donne à méditer; c'est par toi que je voudrais la voir faire, comme *entreprise*, sinon comme *direction de travail;* je voudrais te voir revenir *spéculateur,* toi qui as été *amateur* autrefois, *docteur* ensuite; je ne te crois pas *ingénieur,* et je suis certain qu'il ne te convient pas de revenir seulement pour faire des vues d'Égypte ou pour recommencer près de moi un service personnel dont la forme est épuisée; les services personnels à me rendre, c'est d'être contre-maître dans mon entreprise industrielle, c'est-à-dire chef de l'une de ses parties, et, je te le répète, l'associé que tu aurais alors, Soliman, me paraît digne de te faire faire de grandes réflexions sur l'importance et l'agrément même de l'*entreprise.* Cherche donc un commanditaire qui ait confiance avant tout dans ta probité, ce qui est difficile il est vrai, en ta qualité de saint-simonien, qui soit sûr que l'argent qu'il te confierait ne passera pas à engraisser le père et à amuser ses enfants, mais sera vraiment employé à une œuvre agricole dans la plus riche terre du monde. Enfin maintenant que nous reprenons le monde en sens inverse du mouvement théorique que nous lui avons donné, maintenant que beaucoup se sont fait médecins, ingénieurs, professeurs, rédacteurs de journaux, qui avaient quitté la robe, le tire-ligne et la plume ponr se faire apôtres prolétaires à Ménilmontant, dans un lien et sous une forme qui nous séparaient du monde, maintenant que je me sers du niveau, de la planchette et d'un graphomètre comme un piqueur des ponts, après m'être appelé le père de l'humanité nouvelle, fais-toi *propriétaire,* toi qui, parmi nous, as été le plus fortement marqué de ce signe dans le vieux monde; seulement que ta *propriété* soit près de mon *travail,* ne fût-ce que pour que je puisse me reposer chez toi! Qui sait, d'ailleurs, parmi tous les rêves que nous pouvons faire, n'en est-il pas un très-possible que tu dois avoir en vue? Si par providence il vient des femmes dans ce pays, toi y étant, je ne m'explique pas comment, parmi ces femmes, ne se trouverait pas celle qui t'est la plus chère, ni même comment elle y viendrait la dernière, et dans ce cas, ne serait-il pas bien que tu eusses un lieu pour recevoir ta mère? Après mon départ de Suez, lorsqu'il était question pour tous de prendre la direction, tu voyais avec effroi pour toi le retour à la vie bourgeoise; dans la pensée de ce retour il y avait du vrai et du faux; tu ne seras pas plus bourgeois et propriétaire que je ne suis piqueur et même ingénieur, si ta *propriété* est à côté de *mon œuvre*, et si elle ne fait qu'un avec elle, dans le but que nous voudrons, l'un et l'autre, atteindre. Tu sens que le dernier rêve dont je t'aï parlé est entre toi et moi seulement; je ne voudrais pas qu'une femme sût que, même dans mes rêves, je prends la liberté de voir son avenir autrement ou avant qu'elle ne l'ait décidé elle-même.

Adieu, cher fils, en voilà long, mais le sujet est grave. — Je t'embrasse.

P. E.

INSTRUCTIONS D'ENFANTIN

POUR LAMBERT

AU MOMENT DU DÉPART DE CE DERNIER POUR ALEXANDRIE

12 juin 1834.

Ouvrir toutes les lettres.

Écrire aux capitaines ou à Petit, par Vincent, en disant à celui-ci d'envoyer à Paris, s'il n'a reçu des capitaines aucun avis contraire.

Si besoin d'argent, tirer sur Piozin, *pour mon compte,* en prévenant directement Piozin par lettre.

Savoir indirectement si Sami-Bey a reçu la lettre.

Voir le consul de Russie, parler avec lui de la politique orientale, lui faire mes compliments ; le voir souvent, si possible.

Voir, si possible est, M. de Cerisy, lui parler du barrage et de la venue d'ingénieurs européens, *en général,* et en particulier de ceux que nécessitent les travaux autres que ceux de la marine, pour que le pacha soit servi partout comme il l'est à l'arsenal d'Alexandrie.

Voir Kœnig, et savoir quel est le désir de madame pour venir ou rester, pour venir au Caire ou au barrage.

Parler avec Turle et partout, mais principalement au consulat, de la politique orientale, au point de vue russe, faisant ressortir *Constantinople* comme centre du *personnel* de la politique universelle aujourd'hui; Paris ou Londres alternativement, comme centre *spirituel,* et l'Égypte comme centre *matériel*, militaire en Syrie et industriel au Delta. La double solution (*militaire* et *industrielle*) devant *également* avoir lieu par l'intervention *spirituelle* de l'Europe et de l'intervention du *personnel* représentant à Constantinople l'Orient et l'Occident.

Nécessité d'une ambassade égyptienne (après celle que vient de faire Abil-Effendi, qui n'a que le caractère turc), ayant principalement le caractère européen, puisque c'est par le fait avec l'Europe, que Mehemet doit traiter de sa position à Constantinople, plus encore qu'avec Mahmoud.

Kœnig pourra aider Alric comme drogman près de Sami-Bey; j'ai recommandé à Alric de voir celui-ci au moins autant que Boghos.

Il me paraît important de se faire vite une opinion sur l'avenir de Kœnig.

Compliments à Caviglia.

Comme à l'ordinaire, visites au consulat, rien de ma part à ces messieurs, si ce n'est à M. de Lesseps.

Dans les conversations où le nom de Soliman pacha sera prononcé, faire sentir l'avantage de la fonction qui lui est donnée (instruction publique). C'était le seul européen qui pût en être chargé et il fallait avant tout un Européen; résultat évident, c'est qu'il fera, sous ce rapport, ce qu'il a fait pour le Nisam. L'instruction européenne viendra comme les instructeurs sont venus. — Ce texte, Orient et Occident, résumés en Soliman-Pacha, doit être développé souvent, sous beaucoup de formes, plus ou moins vagues, selon les cas.

CLXXVII[e] LETTRE

A SOLIMAN-PACHA

Barrage du Nil, 13 juin 1834.

Mon cher général, en l'absence du serpent fleuriste (Lambert) qui fait une petite visite à Alexandrie, que puis-je faire de mieux que de causer avec vous pour charmer mon veuvage? Lambert est parti avec Alric et David et ne sera de retour que dans une huitaine. Je vous en préviens, parce qu'il serait trop peiné, lui qui vous aime aussi, si vous choisissiez ce moment pour venir voir Achmoun et nous, et je profite aussi de cette circonstance pour vous parler d'un sujet qui nous a souvent occupés.

Les conducteurs de nos ouvriers ont été jusqu'ici des fellahs qui sont leurs camarades de villages ou des étrangers. Les premiers jouent avec eux et les laissent *flâner,* les autres les battent pour avoir leur argent. D'un autre côté, l'ordre et la police à introduire dans cette petite armée exigent la présence de quelques baïonnettes. Sur la demande de Linant, Mahmoud-Bey a donc sollicité du Conseil l'envoi de quelques compagnies de soldats.

Je crains qu'on ne lui envoie que des battagis infirmes.

Ou si l'on prend dans un régiment, que le colonel nous adresse le rebut de son corps, pour s'en débarrasser.

Dans tous les cas, je suis certain que, sans vous, personne dans le Conseil ne s'apercevra de l'importance de cette demande de Mahmoud-Bey.

Vous savez et me l'avez dit souvent, qu'une puissante amélioration dans l'armée consisterait à la faire *travailler;* jusqu'ici l'armée égyptienne n'a pas même eu de soldats du génie; pionniers, pontonniers, mineurs, on a essayé, et cela s'est terminé par des battagis.

Je crois que nous sommes au moment et au lieu où l'on peut se proposer ce but et l'atteindre.

Pour cela il faudrait que les soldats et officiers qui viendront ici, pour conduire les fellahs dans leurs travaux, fussent *bien choisis*, parmi les meilleurs et les plus intelligents, non dans le rebut des corps.

Ces hommes seraient plus tard les instructeurs des *régiments travailleurs*, et dans ces travaux-ci ils prendraient l'habitude particulièrement des mouvements de terrains, constructions de murailles, plus tard même, de fabrication de fascines, gabions, etc., qui seront faits pour attaquer ce puissant Nil.

Vous savez que j'attends de France quelques officiers du génie qui commenceraient à les dresser.

Ceci est un appendice indispensable de l'école des ingénieurs civils fondée ici et de l'école polytechnique de Boulac, quelque petits que soient aujourd'hui les germes que ces écoles renferment.

Si j'avais eu des relations plus particulières avec le général Siguera, j'aurais cru rendre un service à ce pays et à lui-même en l'entretenant de ces idées, mais elles sont vôtres comme miennes, mon cher général, et l'influence de cette opinion sera toute-puissante, là où la mienne serait un faible appui et peut-être un obstacle.

Oui, il y a ici une carrière pratique à ouvrir pour quelques-uns des meilleurs élèves de Thouro, car ils n'ont pas en Égypte, pour se former aux travaux du génie, comme en France, des places fortes, forts et fortins en abondance. Et quand bien même on ne se proposerait à Thoura que de faire des artilleurs, l'artilleur qui n'a pas vu et fait de *grands* travaux de terrassement, sera toujours maladroit à la défense et même à l'attaque.

Cette lettre, vous le voyez, ne renferme pas précisément une demande, je ne saurais la formuler ; c'est une impression que j'éprouve et que je voudrais vous communiquer, certain qu'il en résultera un bien pour l'Égypte, lorsque vous y aurez vu comme moi l'un des moyens de donner à la force une direction plus productive et plus pacifique. Je vous le répète, j'ai peur des battagis ou des faux troupiers qu'on nous enverra, si vous ne vous en mêlez pas au Conseil. Ce sont de *vrais troupiers* qu'il nous faut, mais pour cela il faut aussi qu'ils voient attachés à une pareille fonction un *honneur* et un *avantage;* on n'a des troupiers qu'avec de la gloire et de l'argent, ils aiment à amasser l'une et à dépenser l'autre, et je redoute qu'on ne nous envoie de pauvres diables plus fellahs que les fellahs, qui n'auront passé par l'état militaire que pour s'y abâtardir. En un mot, vous le savez, j'espère dans les progrès rapides de ce pays, sous le rapport *industriel* et *scientifique;* c'est précisément par ces côtés que l'armée égyptienne pèche le plus; il faut qu'il *travaille* et *s'instruise;* en d'autres termes il lui faut des *ingénieurs,* mais non pas des officiers seulement, il lui faut des *soldats du génie,* et c'est ici qu'ils doivent se former.

Certes ce n'est pas sous cette forme que d'autres que vous pourraient comprendre mon idée: créer le cadre de l'arme du génie au barrage! Cela paraîtrait une idée folle; je la crois juste pourtant et suis sûr que vous la jugerez telle, et que vous la revêtirez d'une forme qui la fera sinon comprendre au moins *réaliser* par ceux qui ont puissance de le faire.

Comme la demande faite par Mahmoud-Bey exige une décision prompte, je doute qu'il soit possible de rien faire de bien bon immédiatement, mais je crois qu'on pourrait, avant peu, substituer aux premiers hommes envoyés quelque chose de mieux, qui serait, à proprement parler, un *bataillon modèle* du génie, dans lequel on placerait le plus possible d'officiers sortant de Thoura et de la petite école d'Hattein-Bey, et dont les soldats et sous-officiers seraient choisis dans les corps, comme élus à un corps d'*élite* assimilé, s'il était possible, à la garde. Ce bataillon aurait un triple travail, savoir : de *police*, de *direction des travailleurs* et d'*exercice militaire*, peut-être serait-il possible d'introduire dans le noyau de ce bataillon-modèle quelques-uns des meilleurs travailleurs parmi les fellahs qui sont au barrage.

Ce bataillon aurait indispensablement sa *musique*, ce qui ne serait pas un faible moyen d'ordre et de travail pour les fellahs ; et si le bâton est encore un élément indispensable à l'éducation de ce pauvre peuple, au moins celui qui s'en servira sera plus digne d'en régler la dose que les ignobles schlagueurs d'aujourd'hui, et j'en suis sûr le bâton fera moins de mal dans les mains du fellah, ainsi régénéré par la discipline, par l'instruction et même par l'uniforme, qu'il n'en fait lorsqu'il est appliqué par un gaillard déguenillé, sale et plus paresseux que celui qui reçoit les coups avec accompagnement de musique; je crois que le fellah recevrait cinq cents coups de bâton sans s'en douter, pourvu qu'on les donnât en mesure.

Et par-dessus tout cela, comme ce serait un motif de plus pour vous, fondateur de l'armée, de visiter le barrage, vous trouverez tout naturel que je regarde mon idée comme très-bonne ; elle l'est, je vous en réponds; vous verrez, je suis bien sûr que, quand vous le voudrez, Hattein-Bey, le général Siguera, Kourschid-Bey, Menickli, Mouktav-Bey la comprendront comme elle doit être comprise aujourd'hui par eux pour être mise à exécution; aussi je me réjouis d'avance de vous voir plus souvent ici.

Adieu, mon cher général; après le retour du serpent, lui ou moi, peut-être tous deux irons vous embrasser, et pour cette fois vous enlever. Le temps est superbe, il ne fait ni trop chaud, ni trop grand vent, les nuits sont admirables et nos cœurs toujours plus amis du vôtre.

P. E.

CLXXVIII[e] LETTRE

A LAMBERT, A ALEXANDRIE

17 juin 1834.

Ollivier est arrivé hier et m'a apporté enfin des nouvelles de Duguet et Petit, pas de lettre de

Fournel qui pourtant était arrivé du 5, et la lettre de Duguet est partie de Marseille du 15.

Cette lettre m'annonce que les caisses sont adressées à M. Bonfort par Vincent qui, à ce qu'il paraît, est son correspondant habituel, d'où résulte que tu ne pourras sans doute pas les retirer; mais je pense qu'au moins tu auras pu forcer à les expédier.

Je ne t'ai rien écrit hier par l'officier qui a porté le premier exemplaire du rapport au Pacha, mais Linant t'a annoncé sa demande de musique faite par Mahmoud-Bey pour tes travailleurs; c'est la seule bonne nouvelle que j'aurais eue à t'annoncer.

J'ai une vieille lettre d'Aglaé (12 mars) qui renferme quelques détails intéressants sur divers. Les lettres de Duguet et Petit sont faites par des hommes qui ont été surpris par un départ de navire ; elles n'ont guère le sens commun. Ce qu'il y a de plus clair, c'est qu'il serait possible que tu reçusses Hoart et Bruneau ces jours-ci à Alexandrie, ce qui serait fort comme rapidité.

Urbain a appris la mort de son père, il en a eu une espèce de petite révolution qui lui a donné une fièvre dans laquelle Ollivier l'a laissé, chez le père Dussap.

Aglaé me dit que Margerin édifie tous les catholiques de Munich, et que les enfants de Bazard ainsi que Dugied ont communié à Paris.

Cendrier est à Paris. — *Elle* dit encore que la pièce de Duveyrier est très-jolie; que Michel lui a écrit et qu'il est content. Que d'Eichtal, au dire de Cendrier, ne rêvait en Grèce que guerres et combats, et voulait se faire soldat, ce qui, je pense, est simplement symbolique.

Linant part demain pour le Caire. — Ollivier passera quelques jours ici. Quant à toi, ne te presse pas plus qu'il ne faut. Je crois, tu le sais déjà, que ton voyage est *important*. Songe que nous n'avons personne à Alexandrie sur qui nous puissions compter autant que sur nos amis du Caire, et cela est pourtant indispensable.

Voici un mot de Petit pour Alric; je crois, malgré son contenu, qu'il n'y a pas lieu à changer la destination d'une caisse quelconque. Alric la trouvera ici à son retour.

Clorinde arrive et se chargera de cette lettre.

Bonjour à David, Alric et Colin. — A toi, la main.

P. E.

CLXXIX^e LETTRE

A AGLAÉ SAINT-HILAIRE

17 juin 1834.

Je reçois votre lettre du 12 mars, aujourd'hui 17 juin, quand depuis vingt jours j'ai une lettre des capitaines du 28 avril ; sans doute vous aurez pris une *occasion*. Je n'ai pas encore reçu les caisses de Petit. Lambert est allé au-devant d'elles à Alexandrie, ainsi que pour quelques autres affaires de service, et probablement ils se croiseront ; je les attends impatiemment. Malgré la lenteur de votre lettre, elle m'a fait grand plaisir, non-seulement parce que vous ne m'habituez plus à en recevoir, mais parce que vous me donnez quelques détails sur les *personnes* et que les capitaines ne sont pas forts sur cet article ; pourtant j'en aurais désiré encore beaucoup d'autres, mais ce sera pour une autre fois, je l'espère. Vous m'apprenez qu'il y a dans les caisses deux longues lettres de mon père et de

Thérèse ; ce sont deux bonnes fortunes dont je me réjouis à l'avance, quelque désharmonie qui se trouve encore entre ce que je veux et ce qu'ils désirent.

Le souvenir d'Adèle Bigot et sa forme m'ont fait grand plaisir, dites-le-lui.

Quant à ce que vous me dites de vos relations avec Nevers, plus je vais et plus je pense que Dieu laisse à chacun au moins un problème *insoluble,* durant le cours d'une vie, et que plus il l'élève, plus ce problème prend d'importance dans la vie, servant ainsi à montrer combien elle est courte pour parfaire toutes choses ; mais il vient un moment où, fatigué de ne pas trouver d'issue convenable, on attend, sans plus se tourmenter, le dénoûment qu'en vain on cherche ; et si ce moment succède à celui où la recherche a été la plus laborieuse, je dois croire y être parvenu, car, depuis huit ans, il n'est pas d'époque de ma vie où je me sois plus cassé la tête et le cœur pour trouver la volonté de Dieu dans cette affaire. Vous en jugerez par ma dernière lettre à Holstein, qu'il vous montrera sans doute. Que ces difficultés soient, comme vous le pensez, causées ou augmentées par ma conduite passée, et particulièrement par ma visite du 4 juin 1832 à Saint-Cloud, c'est possible ; mais je ne sais que faire au passé, il *a été*. Quant à l'avenir, j'apprends des Arabes à dire : Allah kerim ! c'est-à-dire à peu près : Que la volonté de Dieu soit faite !

Vous me demandez beaucoup de choses sur lesquelles Petit et Duguet vous donneront quelques explications, car vous désirez connaître mes projets, mes rêves : malheureusement ce qu'ils vous diront, ce sont déjà des réalités, et votre affection ne sera pas satisfaite ; mais comment dire ce qu'on pense, à si grande distance ? Et puis je vous bercerais encore de chimères, car j'en rêve toujours ; je conduirais votre pensée et votre cœur dans des mondes où je crois voir clair, et où vous ne verriez peut-être, vous, tout au plus que la lune ou les mélancoliques étoiles, et pourtant je suis bien comme vous, ma chère Aglaé, j'ai besoin de rêver avec quelqu'un, et, quoique Lambert soit un bien digne compagnon de ces fantastiques voyages, pourtant j'aimerais que la voix de la sybille du malheur se fît entendre, et que les douloureuses inquiétudes de son âme si aimante mêlassent quelques larmes aux chaudes couleurs que l'Orient me fait voir dans mes rêves. Dieu ne l'a pas voulu, il l'avait mise toute près de mon oreille, alors que la cour du *Père suprême*, et les enfants soumis du *Père,* me donnaient l'empire du monde, à commencer par les Tuileries ; mais depuis ma prison il nous a éloignés, laissant à la grande voix du monde à m'instruire, comme faisait la vôtre, de la vanité de mes rêves impatients. Oui, vous avez raison, ce sera au moment, sinon d'une glorification, au moins d'une marche ascendante vers les jours de gloire, que Dieu nous réunira ; le voile de tristesse qu'il a étendu sur votre tête, vous fait voir aussi en ce jour un jour de mort, mais ma foi aura raison contre la vôtre ; Dieu n'a pas fait l'homme pour pleurer et se réjouir au *même instant.*

Vous m'avez dit aussi, bien souvent, vous et ma pauvre mère, et tous ceux qui m'ont aimé et connu, que je ne savais pas garder en moi ma pensée, la mûrir, la faire mienne tout entière, y mettre mon cachet, et n'y pas mêler ce que, de toutes parts, je ramassais dans mon humeur causeuse et confiante. Aujourd'hui je suis dans l'impossibilité d'agir ainsi et j'en rends grâce à Dieu. Lorsque je jette un regard en arrière sur ma vie, je vois bien que tout ce que j'ai fait pourrait porter mille noms divers, le mien avant tout, j'aime à le croire, et je ne rougis pas d'injustices par moi commises; je pense avoir rendu à chacun la part qu'il a mise dans ma vie ; au moins ai-je toujours cherché à le faire. Aujourd'hui je sens mon égoïsme croître. Je veux que mon nom soit attaché *seul* quelque part, en grandes lettres ; du moins qu'il le soit *pour moi*, que j'aie conscience d'avoir été, en un certain moment de ma vie, l'initiateur de moi-même ; je dis qu'il le soit *pour moi*, car je sens bien que jusqu'ici, où je n'ai, pour ainsi dire, rien fait par *moi-même*, en général on m'a tout attribué, ou du moins on m'a fait (amis et ennemis) la part plus grande que je ne la mérite. Maintenant je veux donc pouvoir me dire que ce que je fais, je le fais parce que *je le veux*, et non parce qu'*on* me le dit, que l'on m'y entraîne. D'Eichthal, Duveyrier, Rodrigues, Eugène, Bazard ne sont pas près de moi. Celui de tous mes enfants qui m'est resté, est celui qui met le plus sa gloire à être l'*élaborateur* de la pensée du père bien plus que son *inspirateur ;* vous, Aglaé, ainsi que toutes les femmes qui m'ont aimé, vous êtes sous un autre ciel que moi, et la seule de mes filles qui voit notre soleil, m'a vu une seule fois depuis six mois, et en présence du monde.

Personne, pensant avec moi, communiant avec moi, ne me pousse ou ne me retient ; je suis *libre*, et, quoique la liberté ne soit pas toute ma vie, quoiqu'elle soit même la portion grave et triste de ma vie, je dois faire dire de moi un jour que j'ai été libre, que j'ai été *moi* quelquefois dans ma vie.

Quand perdrai-je cette liberté ? Je ne sais, mais je crois ne pouvoir conquérir l'esclavage d'amour qui doit lui succéder qu'après avoir forgé *de ma main* la chaîne d'or et de fer, de *richesse* et de *puissance* qui m'attachera. J'y travaille.

Vous avez rêvé que je vous écrivais mes amours d'Égypte. Ils sont mystiques autant que possible. Le célibat commence à être d'un poids terrible sur mes épaules, et pourtant je ne vois pas encore qui viendra me l'arracher. Les nuits sont si belles, l'air si pur, quand la lune nous montre sa lumière cendrée, et que le Nil coule lentement, couvert de barques où les matelots chantent ! Prêcher trois ans un amour nouveau dans l'Occident, et venir éteindre sa parole dans les flots de notre riche lumière, n'était-ce pas vouloir, comme ces pauvres papillons, nous brûler ? Mes ailes sont rôties, et, lorsque je les expose à la rosée du soir, à l'air frais du matin, aux brises de la nuit, le lendemain je brûle plus encore. En ce moment où je vous écris, le soleil est sur ma tête, il est une heure, tous nos Arabes se reposent et dorment, le silence est plus profond qu'au milieu de la nuit, car alors ils chantent et jouent du tarabouc, ils prennent le plaisir en échange de leur travail du jour. En ce moment je ne dors pas, moi, et je suis sur la flamme de la bougie; priez pour le pauvre papillon.

Peut-être votre imagination assez vive vous fera-t-elle penser qu'après une pareille complainte, il n'est pas probable que je la chante longtemps, et que je dois être *bientôt*, ou rôti tout à fait, ou incombustible, ou abrité, garanti, protégé par une main habile et délicate, fraîche comme mes rosées du soir. Je ne serai pas rôti, j'espère, je ne crois pas être incombustible, je penche donc pour la dernière hypothèse. Qu'en pensez-vous?

Maintenant parlons *politique*. J'ai vu Clorinde aujourd'hui à son passage pour aller à Alexandrie. C'est un motif de plus à ajouter à bien d'autres pour que je vous parle de Roger. Je vous dirai donc que je suis arrivé à faire demander une musique pour nos travailleurs; on demanda d'abord une musique grossière du pays, et Linant, qui aime beaucoup David, a fait en grande partie cette demande pour avoir une occasion de caser David ici. D'après cela, que Roger fasse ses préparatifs, sans rien dire encore ; je veux lui écrire plus positivement dans quelques jours, et être fixé d'ici là sur plusieurs choses importantes pour la forme de son voyage, pour les instruments et instrumentistes qu'il devra *ou ne devra pas* amener. Qu'il s'occupe de lui d'abord, ce n'est pas son habitude et il a besoin de la prendre un peu ; qu'il ne s'impatiente pas surtout, si ma lettre tarde, elle reviendra à temps.

Personne, excepté vous, ne m'a parlé de Massol, encore ne faites-vous, pour ainsi dire, que le nommer. Je n'ai rien à lui faire dire encore ; si nous faisons quelque chose en fait de costume, ce ne sera que pour l'hiver.

Je vais construire en ce moment l'école des ingénieurs, sur le plan que j'en ai fait ; je pense que vous verrez là un symbole. Ce sera l'école pratique comme la rue Monsigny a été l'école théorique. Au reste, ce sera notre quartier général, car le bâtiment est conçu spécialement en vue de l'état-major du génie, cet état-major étant l'instructeur, le moniteur, l'exemple vivant pour les élèves.

Recommandez encore aux capitaines et à Duguet et Petit, de ma part, de ne rien négliger de ce que je leur ai demandé en vue de cette école: livres, modèles, instruments, etc.

Je n'ai eu par personne des nouvelles de Dupontès; j'ai su seulement, il y a longtemps, que Bergeret, ami d'Alexis, le voyait souvent. J'en ai été bien aise, mais dites-moi qu'elle est sa santé et ce qu'il devient, ainsi que sa petite famille. J'ai vu qu'on a imprimé la lettre à Duveyrier sur la vie éternelle (je ne l'ai pas encore), je pense qu'il y est pour quelque chose.

Quoique Duguet et Petit m'aient écrit du 15 mai, et que Fournel soit arrivé au lazaret le 5 mai, je n'ai pas reçu la lettre que Cécile m'avait promise; j'en suis bien aise, parce qu'il aura le temps de recevoir une lettre que je lui ai écrite après son départ.

Grâce à Dieu, je n'ai plus besoin, *pour moi*, de demander de l'argent en Europe, ni pour Lambert, ni pour les ingénieurs que j'ai appelés. De plus, tous les enfants qui sont restés ici sont à peu près placés et gagnent leur vie; je crois qu'il en sera de même pour tous ceux qui viendront avec notre foi et quelque talent scientifique, industriel, ou d'art. Nos amis d'Europe n'ont donc plus qu'à s'inquiéter de frais de voyage, pourvu qu'il s'exerce sous ce rapport une censure qui aura nécessairement lieu quand les partants demanderont de l'argent, c'est-à-dire qu'on n'en accorde que pour ceux que j'aurai désignés, ou pour ceux dont le mérite personnel garantirait de toute inquiétude sur leur sort, une fois arrivés ici. Il ne faut que des hommes d'élite comme capacité et d'une moralité garantie par des antécédents de services dans la propagation de notre foi.

J'avais dit en partant de France à Cécile, que je croyais que, pendant mon absence, plusieurs des matériaux qui font connaître notre vie intime devraient être discrètement et habilement publiés. Je ne crois pas qu'on ait rien fait en ce genre, et cela est *bien,* mais je ne pense pas moins de même pour l'avenir. On a publié ma lettre sur la vie éternelle, le petit journal *Amour à tous* a publié des fragments du livre nouveau ; moi qui suis fort pour dire, quand une chose est faite : *c'est bien,* je n'ose pas le dire pour ces deux choses ; je pense qu'on pouvait infiniment mieux choisir. J'ai recommandé la même chose à Petit, mais en lui marquant que je désirais que vous y missiez votre tact de femme, particulièrement pour ne rien publier où des personnes que vous sentiriez ne pas devoir être nommées figureraient. Je me trompe peut-être sur la publicité de pareilles publications, cependant ce que vous a dit Duveyrier des dispositions actuelles du monde à mon égard, ne me disposerait pas à croire que je suis dans l'erreur.

Si l'on publiait aussi mes derniers enseignements, il faudrait de toute nécessité que deux hommes écrivant bien, Guéroult et un autre, se chargeassent de les revoir, uniquement pour corriger les fautes de style, car cela a été rédigé si vite dans la prison, qu'il doit y avoir des fautes et surtout des répétitions...

Soliman-Pacha, toujours le même pour nous, plus amical même chaque jour, va probablement faire un voyage en Syrie, où tout n'est pas tranquille. Je serais précisément contrarié si je n'avais pas les caisses avant son départ, mais je les aurai. Petit et Lambert sont avant tout ses hommes d'affection, c'est un cœur sur lequel la *fidélité* est toute-puissante.

Nous mangeons des raisins et des poires que

nous envoie gracieusement Mahmoud-Bey, grand seigneur du pays, ancien ministre de la guerre, qui est administrateur des travaux du barrage du Nil. Nous le voyons quelquefois, malheureusement il ne parle pas le français et mes progrès en arabe sont lents, malgré le zèle de mon maître qui est mon domestique.

A propos de domestique, ce mot, sous ma plume, vous aura paru drôle ; eh bien, c'est justement le 6 juin, anniversaire du jour où nous avons pris l'engagement de détruire la domesticité que je l'ai pris. La vie symbolique a eu son temps, mais la destruction de la domesticité ne se fait pas en un jour, et la pratique n'est pas la théorie. Gare au célibat, les deux choses se tiennent, gare à lui, il est menacé aussi d'un croc-en-jambe. Je ne pense pas qu'en réfléchissant à ces deux grandes questions, votre opinion sur elles diffère beaucoup de la mienne. Ma barbe rognée sur les lèvres, la modification de mon habit pour le rapprocher des usages, ma *fonction,* quoiqu'elle soit volontaire, enfin mes dispositions à l'égard des puissants de la terre, tout cela se tient, et si vous réunissez toutes ces choses, vous y verrez, non-seulement ma règle de conduite actuelle, mais tous mes rêves industriels ou politiques ou moraux, je ne parle pas de mes rêves scientifiques, j'en fais peu maintenant, du moins en science pure, car au contraire, je crois être parvenu (toujours partant des mêmes principes que je viens de dire) à quelques bonnes idées sur l'enseignement pratique des sciences et des langues, dont je ferai l'application à notre école d'ingénieurs.

Je vous ai parlé de ma vie matérielle et de mon costume et de ma figure; maintenant voici mes occupations. Je lis les ouvrages d'ingénieurs; je fais des plans, j'ai nivelé avec Lambert. J'ai lu quelques bons vieux ouvrages d'histoire et de géographie, Hérodote et Strabon, je fais dessiner les jeunes ingénieurs de temps en temps, et je bavarde le plus d'arabe que je peux avec mon domestique nubien. Je n'écris plus que quelques lettres à Petit et Duguet et aux capitaines, une à Barrault qui est en Russie, quelques-unes à Soliman Pacha, voilà tout. J'ai rédigé aussi différentes choses pour Linant, le règlement de l'école et un rapport du pacha sur les travaux des barrages.

Je pense que si Marie vient ici, comme elle paraît, me dites-vous, en avoir grande envie, vous veillerez à ce que toutes les archives qu'elle possède soient en sûreté. Vous me parlez de difficultés pour les clefs de Ménilmontant ; est-ce que par hasard, ce ne serait pas vous qui les avez toutes ? Je ne sais pas ce que sont devenus les Bazin, Desloges et la mère Poncet, pas un mot sur les habitants de notre temple symbolique ! J'en suis peiné ; d'un autre côté, ce que vous me dites sur l'acquittement des intérêts de la maison me cause une véritable joie. Mlle Casaubon a beau vouloir que je ne dise pas *ma* patrie, il n'y a pas deux Ménilmontants dans le monde, aussi suis-je bien tranquille sur *ma* collection, sur *mes* archives, sur *mes* meubles, portraits, etc. ; vous êtes là.

Vous avez eu bien soin, n'est-ce pas, de mettre en ordre toute notre correspondance de la prison ; mais, si vous n'avez pas déposé ma copie cachetée de toutes les pièces que vous avez, quelque part, vous avez mal fait, madame, vous qui êtes ordinairement femme à précautions.

Je ne vous ai pas dit un mot de ma santé, c'est clair, elle est excellente, quoique je ne sois pas encore parfaitement content de mes nerfs.

Lambert est devenu un luron, il boit, mange et dort comme une personne naturelle. S'il savait que je vous écris, il me demanderait bien une place pour vous dire de bonnes choses, car il vous aime bien. Le général Soliman l'a surnommé *serpent caché sous des fleurs,* et il s'acquitte en effet on ne peut mieux de cette fonction, seulement ses piqûres sont des excitations à bien faire. Ollivier qui n'engraisse pas plus que vous, est en ce moment près de moi, il remplace Lambert pendant les absences de ce petit mobile. Le grand Constant vous fait mille amitiés, c'est aussi un de vos chevaliers, quoiqu'il ne soit pas chevalier des dames. Comme vous lui avez promis des soufflets quand il quitterait son costume, ses cheveux et sa barbe, il conserve le tout avec une scrupuleuse exactitude.

En voilà assez pour aujourd'hui, j'ai consacré ce jour aux dames, c'est rare pour moi, à vous le reste de la journée : le soleil se couche, je vais respirer l'air frais, voir ma lune et mes étoiles, rêver et..... vous dire bonsoir.

P. E.

CLXXX^e LETTRE

A AGLAÉ SAINT-HILAIRE

30 juin 1834.

Je reçois à l'instant votre lettre du 29 mai et celles pour Lambert. Vos réflexions sur la confiance avec laquelle je demande des hommes qui ne viennent pas, me ferait presque croire qu'en effet il n'en viendra pas, ce qui me paraîtrait un peu fort, mais ne m'épouvanterait pas. Je dirais, comme au départ de Fournel, que Dieu veut que mon bras soit incontestablement regardé comme aussi fort que ma tête. — Quant à Fournel, je serais fâché que le chevalier Duguet fît en *fougue* des brioches à son égard, ce qui serait possible s'il s'abandonne à son humeur sabrante. Recommandez-lui, en mon nom, du calme; ce qu'il a à faire en France, c'est une mission *privée* et non *publique ;* il va chercher *quelques hommes* et non la *France entière*. Au reste, quand cette lettre arrivera, je crois qu'il ne sera plus question de tout ceci, et que Fournel aura pris sa route tout doucement, sans plus vouloir réveiller le passé.

Adieu, je vous embrasse et Jallat aussi.

P. E.

CLXXXIe LETTRE

A LAMBERT

15 juillet 1834.

Je t'envoie cet imprimé que d'E....., je crois, m'a fait passer. Il n'y avait rien de joint à ce papier ; je crois cependant qu'il est bien que tu t'en procures la traduction. Georges de Robaudi pourrait le faire, ou tout autre Grec ou Allemand que tu trouveras sur ta route.

Je n'ai pu comprendre si ce *bureau* était comme nos commissions d'enquête, c'est-à-dire une assemblée d'amateurs, ou si c'était une dépendance du ministère de l'intérieur à fonctions *salariées,* en d'autres termes si ses membres étaient des fonctionnaires publics.

Je crois qu'il y a là de quoi répondre aux projets de Rigaud et de Tourneux et Toché sur la colonisation en Grèce. Tu feras bien de communiquer la chose à Toché. — Dans tous les cas, je suis bien aise de voir la Méditerranée et la mer Noire cernées, depuis Alger jusqu'à Marseille, par Constantinople, Odessa et Nauplie.

Tu remarqueras que la date du *3 juin* est soulignée à la plume, il y a en tête un *hommage* qui n'est pas de la main de Gustave, mais les noms des membres sont écrits par lui.

La date soulignée me fait croire que Gustave attache à cette pièce une grande importance, sans doute parce qu'il prend par elle une position officielle dans le vieux monde.

Si tu crois qu'un mot d'amitié de toi ou d'Ollivier à Gustave soit bien, faites-le, mais que j'y sois encore étranger. Que vous écriviez ou n'écriviez pas, je crois bien que le second poulet qu'il enverra ne sera pas muet comme celui-ci ; mais il est écrit que sa forme sera, pendant cette vie, toujours extraordinaire. — Dans trois mois une correspondance régulière me paraît inévitable et nécessaire. — Votre lettre, *eu égard à sa position,* devrait être, *pour ainsi dire,* étrangère au *saint-simonisme,* au moins pour d'autres que lui, mais non au *barrage*, en tant que chantier *industriel*.

J'ai dit un mot du cheval à Linant, qui n'en a pas parlé en effet avec Hattein-Bey, de qui, dit-il, cela dépend uniquement, il sera bien que tu en dises quelque chose à notre gros et bon général ; si tu peux faire d'une pierre deux coups, selon ce que je t'ai encore dit à ce sujet, cela vaudra mieux ; mais, comme il est inévitable de faire donner des chevaux à nos arrivants, peut-être vaut-il mieux commencer dès à présent pour nous deux : c'est l'opinion de Linant. Soliman m'écrit qu'il va venir m'enlever, vous allez arranger cela ensemble. Je ne sais ce que je ferais au Caire en ce moment.

Adieu.

P. E.

P. S. Je n'écris pas au général pour renvoyer plus vite son homme, mais tu sais toutes les amitiés que tu as à lui faire.

Quand il te parlera de Petit, tu ne manqueras pas de lui dire combien notre voyageur tient à ce qu'on le rappelle à la bonne amitié du général ; je ne transcris pas ici la phrase *ad hoc* de Petit, quoiqu'elle soit très-bonne et très-tendre ;

mais elle est un peu dans sa langue qu'il me permet de traduire ; elle veut dire tout bonnement qu'il aime bien notre bon général et qu'il tient beaucoup à la réciproque.

CLXXXII[e] LETTRE

A LAMBERT

23 juillet 1834.

Voici des lettres de Cognat pour Barrault, Prax et Charpin ; tu y mettras l'adresse et les feras passer par Robaudi. Tu verras par leur contenu ce que j'ai cru devoir et pouvoir faire, n'ayant pas encore de nouvelles de Barrault. Les termes de ces lettres t'indiqueront peut-être à toi-même quelque chose à dire, d'autant plus que tu auras déjà eu peut-être des nouvelles directes des voyageurs. Je serais bien tenté d'envoyer de l'argent, mais ne sachant ce que vient faire B...., je *n'ose* vraiment, sans compter même la recommandation un peu hétérodoxe de

Marie — pèse cela toi-même dans ta sagesse de *serpent,* car tu as la clef de la caisse de Piozin, et d'ailleurs tu pourrais charger Turles de prêter quelques centaines de piastres, sans que pour cela j'intervinsse pour quoi que ce soit vis-à-vis de personne.

Les dernières nouvelles d'Ollivier que Linant m'a données étaient moins tristes ; pourtant je suis inquiet de cette vie douloureuse, quoique des pressentiments de mort ne soient pas un signe des derniers instants d'une poitrine usée qui d'ordinaire rêve au contraire toujours une prochaine guérison. Pour tout ce que tu me dis sur cette confession entière, je t'autorise bien à la recevoir, et pourtant je crois que je ne la lirai pas, du moins tant que des jours de bonheur ne seront pas venus mettre une compensation aux tristesses que cette lecture m'inspirerait ; nos leçons réciproques (à Ollivier et à moi) nous ont toujours fait mal à tous deux, et, malgré le bien qu'elles ont certainement apporté avec elles, je crois utile de m'abstenir d'en recevoir autant que d'en donner. Ceci est pour toi seul, bien entendu.

Toutes tes occupations aux deux Caires motivent plus que suffisamment la prolongation de ton séjour. Ce que tu me dis de Soliman me fait grand plaisir.

Remercie le père Dussap et sa femme du joli peigne; il empoisonne d'ailleurs la graisse de noir, à faire tomber Urbain en pâmoison.

J'ai bien travaillé à la maison de Linant que tu trouveras un peu avancée, et à l'hôpital qui marche un peu. Cognat et Lami m'ont fait fréquente compagnie; j'ai dîné chez eux une fois (cuisine de Lami).

Chevalier va, je crois, au Caire avec Lami; tu auras, si l'occasion se présente, une petite leçon paternelle à faire à Noël sur les soins *filiaux* qu'il DOIT à ce brave homme que le voyage d'Égypte abîme.

Ce que je t'ai dit quant à la confession d'Ollivier, à recevoir pour me la remettre, ne doit pas toutefois te donner à croire que je sois plus que notre foi ne le commande partisan des molles paroles qui vous endorment dans la mort comme on berce un enfant. Le chrétien était bien sévère et ne faisait pas grâce au mourant des larmes d'un seul repentir, des déchirements d'un seul remords, des brûlures d'une seule vérité méconnue ou blasphémée durant sa vie; son excès doit nous servir à contenir dans de justes mesures l'onction de notre viatique, mais il doit nous rappeler que l'amertume est quelquefois la condition du grand pas où l'on franchit l'abîme de deux vies, et, souvent aussi, un remède salutaire pour prolonger celle que l'on confesse. Quand Ollivier sent que le *Saint-Simonisme*, comme il le dit, a prolongé sa vie qui s'éteignait épuisée, et qu'il la sent ici défaillir encore, il ne peut, je le sais, se borner, comme un chrétien, à une action de grâces; et il doit, comme un payen, chanter aussi sa gloire, mais Dieu nous ordonne à nous qui ne sommes ni payens ni chrétiens, qui ne châtions pas nos idoles et ne condamnons pas à l'enfer; Dieu nous ordonne, dans la solennité de nos dernières paroles, d'éloigner la *récrimination* contre lui et contre les hommes, parce que nous ne sommes pas chrétiens; et pourtant ni l'une ni l'autre de ces formes de la vie n'est anathématisée par moi, mais elles caractérisent l'une et l'autre l'imperfection MORALE de chacune des deux natures extrêmes, et c'est à la vie MORALE que dans l'extrême onction que nous donnons, nous, confesseurs de la foi nouvelle, nous devons rappeler le fidèle. Pour nous la confession n'est pas un plaidoyer contre Dieu ou contre les hommes, la confession est un *récit* et une *pro-*

phétie des PROGRÈS de tout et de soi-même, c'est l'hymen que l'humanité répétera, si elle est faite par un apôtre, comme elle chante le *Requiem* de Mozart, sublime résumé et germe de musique ancienne et nouvelle.

Déjà Ollivier m'a remis au Caire une longue lettre, et pendant ma prison, à l'époque de son voyage chez sa mère, il m'a encore écrit des lettres portant un caractère que la confession ne devrait pas avoir ; si je récriminais contre moi-même je dirais que mon tort, à ces deux époques, a été de ne pas apporter dans ma réponse, la *sévérité* que je te recommande aujourd'hui, surtout comme moyen curatif envers Ollivier. J'aurais pu lui *ordonner* de ne plus reparaître à Ménilmontant, et le renvoyer simplement en appel à la MÈRE. Plus tard, j'aurais pu lui *ordonner* de quitter le costume que je lui ai donné, qu'il ne porte qu'en mon nom, et le renvoyer encore en appel à la MÈRE. Je ne l'ai pas fait, mais tu peux l'assurer que je prendrais aujourd'hui des mesures analogues s'il me forçait à connaître de lui une profession de foi que je jugerais condamnable, quand bien même cette profession de foi ne serait que de lui à moi ; il lui restera la foi d'être un jour absous et même glorifié par les femmes, pour avoir été mal jugé par l'homme. Au moins sa vie ne serait pas faussée.

A toi seul ces deux mots encore, cher enfant.

Ollivier ne sera sauvé qu'en perdant un poumon, un seul paraît attaqué et c'est là mon espoir. La crise approche, les cavernes sont profondes; Ollivier alité, complétement malade, perdant *l'exercice de la pensée* pour toute autre chose que les fonctions animales les plus grossières, me paraîtrait plus près de sa guérison qu'en ce moment, et alors surtout une femme, des femmes pourront achever ce qu'elles ne pourraient pas même commencer aujourd'hui, sa cure complète.

Le paragraphe qui précède celui-ci est écrit de manière que je crois que tu peux t'en servir dans une circonstance grave. Ollivier m'a dit ne plus pouvoir pleurer, tu auras contribué à le sauver, si tu obtiens une larme, c'est là une saignée que M. Dussap ne peut lui faire et qui est je crois en ta puissance. Puis après embrasse-le pour moi.

La main à Soliman.

P. E.

CLXXXIII^e LETTRE

A OLLIVIER

30 juillet 1834.

L'occasion dont je profite ne me permet que de t'écrire quelques mots; je t'écris de chez Cognat et par Baltadgy.

J'ai lu ta lettre, elle m'a fait du bien, parce qu'elle m'explique beaucoup de choses qui se sont passées surtout depuis la prison. Nous en *parlerons* peu, mais nous en *profiterons*.

Pour toutes les petites dépenses que Cognat demande, tu sais que tu peux prendre chez Piozin.

J'attends Barrault, Machereau et Prax; arrange-toi pour les voir plutôt ici qu'au Caire, ou bien ici et au Caire.

Adieu, à toi, vieux grognard, camarade d'Holstein.

LE PÈRE.

Bonjour, frère, il faut vivre.

CH. LAMBERT.

CLXXXIVe LETTRE

A LAMBERT

Barrage, 4 août 1834.

Linant vient de recevoir une lettre du conseil qui l'appelle pour venir donner des développements au projet d'organisation des régiments de travailleurs. Cette lettre lui annonce qu'Hattein-Bey a amené avec lui en conseil, Akekin, de manière qu'il paraitrait que c'est avec eux deux spécialement que cette grande affaire doit être élaborée; je pense que le choix fait par Hattein-bey d'Akekin pour l'accompagner est de bon augure, et que notre bon général ne voulant pas prendre sur lui toute responsabilité (ce qui est bien) a désiré avoir pour second l'homme du *pays* qui présentait le plus de garantie comme savoir, et aussi comme antagoniste de Linant dans les commencements du projet des barrages. Ceci confirmerait ce que tu penses toi-même du mérite d'Akekin, malgré les vices dont ce pays-ci et ses voyages en Europe l'ont un peu enveloppé. Je craignais qu'il ne se fût tracé un plan de continuelle opposition avec Linant, espérant par là faire son chemin, comme les enfants qui jouent au *roi détrôné*, et j'attendais le moment où il sentirait que ce jeu est pour le moins un mauvais calcul.

Le paquet d'Ollivier est dans un portefeuille. J'ai chargé Lami de te faire rendre par Toché la circulaire originale de d'Eichthal; je tiens à l'avoir.

Merci à M. de Lesseps pour ses journaux qui n'ont d'ailleurs rien d'intéressant.

Linant désire impatiemment que tu sois ici pour l'aider dans ses calculs de levée de plans. Moustapha Effendi a mis aujourd'hui au net, en arabe, la demande d'organisation des régiments de travailleurs; cela sera au ministère, je pense, pour le 29. Le Mégliss du Caire a autorisé et confirmé l'organisation du conseil d'ingénieurs que Linant à formé, et a fait faire un cachet spécial pour ce Conseil; c'est une bonne mesure qui donnera plus d'indépendance et aussi plus d'activité au corps du génie.

J'avais en effet oublié de t'envoyer la lettre de Barrault, c'est inutile maintenant, tu la liras ici. L'article sur la Turquie est encore de la politique de *détrônement*, d'où résulte que la critique du *temps*, quoiqu'elle s'appuie sur un mauvais principe aussi, est plus près de la vérité *pratique.*

Je n'ai pas besoin de te dire de distribuer convenablement mes compliments et amitiés à qui de droit.

Je ne vois pas probabilité que je puisse et doive aller à Damiette ; je n'en dis pas autant de l'autre voyage, s'il ne se fait pas avant trois ou quatre mois. Quant à la course à Eschmoun, je la ferai avec plus que du plaisir. Empêche donc que Soliman ne compte trop sur moi pour Damiette. Nos travaux, la visite de Barrault, l'attente de nos hommes de France, voilà de bonnes raisons.

Si Ollivier se sentait force et volonté pour aller au devant de Barrault avec la cange de Linant, il viendrait avec toi et je crois qu'il n'y aurait pas grand obstacle, parce que Linant aime mieux le service de la sandale. Dans tous les cas, il passerait une journée avec nous et la sandale le reconduirait au Caire. Linant le voit toujours avec amitié et intérêt, et sera, je crois, toujours disposé à faire quelque chose qu'il croirait lui être utile ou agréable.

Pour aller au-devant de Barrault, il prendrait ici ses provisions pour quatre ou cinq jours, et il y aurait probablement moyen de revenir dans cet espace de temps.

En écrivant à Machereau tu feras donc bien de dire à Barrault que peut-être on ira au-devant de lui, partant du barrage le 30; qu'ainsi il fera bien, si rien de trop important ne le retient, de partir au reçu de ta lettre, puis de s'adresser à M. Rossi à Aufé, puis enfin s'il n'y trouvait personne, de bien faire attention sur le Nil aux jolies Canges et de demander si c'est celle de Linant-Effendi.

Adieu, voltigeur, coureur, mobile, faucon, lévrier et serpent tout à la fois.

P. E.

CLXXXVe LETTRE

A LAMBERT

Barrage, 4 août 1834.

Linant désire que, d'ici à son arrivée au Caire (il ne partira au plus tôt que jeudi soir), tu voies Hattein-Bey et aussi Akekin, pour les mettre bien au fait, chacun selon ce qu'il peut comprendre, du grand projet qui nous occupe, et les disposer convenablement à exposer, à appuyer et presser la chose eux-mêmes au conseil. Je t'avais déjà engagé à en parler longuement au général; ainsi tu auras seulement à ajouter le nom de Akekin à tes notes sur ce sujet.

Pour Hattein-Bey je ne crois pas que tu aies de grands efforts à faire pour lui faire comprendre l'importance de ce premier essai d'armée pacifique; ses formules à cet égard sont faites depuis longtemps. Quant à Akekin c'est une conversion qui te regarde tout entière et que je te recommande.

Rien de nouveau ici. — J'attends avec impatience des nouvelles d'Ollivier, et je te recommande encore une fois ce que je t'ai souvent dit depuis quelque temps sur le moyen de sauver ce pauvre garçon, il n'y en a qu'un qui puisse agir; la sévérité. De ma part elle tuerait, de la tienne elle peut faire vivre, et ne peut tout au plus qu'être impuissante à empêcher de mourir. Tu verras d'ailleurs en l'essayant pour toi, si ce que je te dis de son emploi par moi-même te paraît faux. J'aimerais que tu me l'écrivisses; alors nous verrions. Saint-Simon a dit que Léon X était de la pâte dont on fait les rois; moi, je ne suis pas de celle dont on *fit* les papes et les rois; il entrait dans l'une et l'autre de ces pâtes une dose de sévérité payenne ou de rigidité chrétienne que je n'aime pas, mais c'est comme toute vertu passée, il lui faut une transformation que Bazard n'a pas pu installer parmi nous, mais pourtant dont il a su nous inspirer le besoin; Ollivier qui *aimait* Bazard l'aimait surtout pour cette face de la vie d'homme; il a eu le sentiment des choses futures au delà pour ainsi dire de ses affections individuelles, et son *amour* pour la forme vigoureuse de Bazard a cédé devant son *dévouement* à l'homme qui appelait la femme à la liberté; mais voilà pourquoi il attend de moi pour ce qui concerne *sa personne*, autre chose que ce qu'il me fallait pour accomplir la mission pour laquelle il m'a préféré à Bazard. Est-ce à dire que je dois me revêtir de cette dépouille de mort, même en l'ennoblissant? Est-ce à dire que Dieu m'ordonne, pour sauver Ollivier, de me faire Bazard, de m'incarner celui qui forma avec moi le couple mâle dont je fus la forme féminine? non — il n'est pas temps encore — jusqu'au jour d'une immense joie, d'une immense gloire, jusqu'au jour où les femmes auront dit qui je suis, je me sentirai faible à parler d'une voix mâle à un homme que j'aime et qui pourtant faillit. Je serai le père *veuf* qui assume sur lui la *faiblesse* de mère; je serai le fils qui n'a plus de mère; le frère qui n'a plus de frère et qui n'a jamais eu de sœur. Qu'Ollivier qui me rappelle le *juge* de mes enseignements me passe les imperfections de ma nature, c'est à elles qu'il doit mon appel à la mère, c'est à elles que je dois mon triomphe sur Bazard lui-même.

Cruvelier va au Caire ces jours-ci, il consultera M. Dussap et prendra des bains. — Je crois qu'il faut que M. Dussap lui fasse reprendre son tabac, et lui recommande la liqueur sacerdotale : il a besoin d'éther.

Adieu, cher enfant, je t'embrasse.

P. E.

Paris, imprimerie Paul Dupont, rue Jean-Jacques-Rousseau, 41. (3445.7.72)

www.ingramcontent.com/pod-product-compliance
Ingram Content Group UK Ltd.
Pitfield, Milton Keynes, MK11 3LW, UK
UKHW012208240726
13966UKWH00002B/648